せんせい、うちのコがタイヘンです。

保育園児ゆまの予測不能連絡帳

ゆまママ

GB

はじめに

こんにちは
母4年目の
ゆままと申します

普段は広告の会社で
アートディレクターを
しています

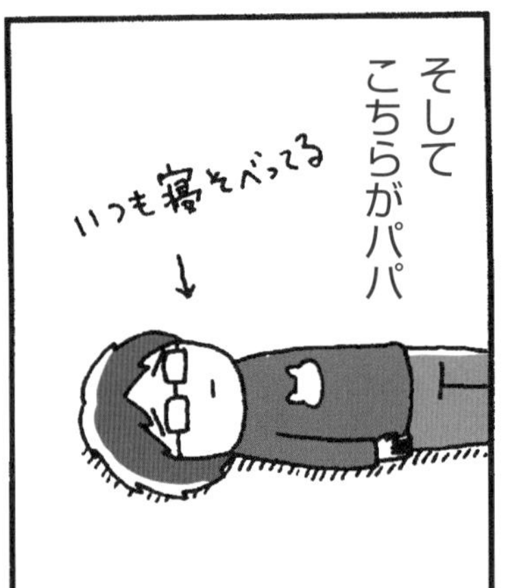

ところで 保育園児の
パパ・ママのみなさん
毎朝保育園に提出する
連絡帳に何を書いてますか？
日誌
保育園バッグ

私は娘の
ハチャメチャな様子を
描いています

わが娘のあんな姿や
こんな姿……
オシリ〜
オシリ〜
ランラ〜
ラララ〜
ギャオ〜
そして信じられないくらい
トンチンカンな
今しかないエピソードを

せま〜いスペースに
ひとコママンガ風に描き
お迎え時
36.6
送迎者：父
家庭での様子
ヨーグルトを
フォークで
食べるので、
なかなか
終わりませ
園での様子

リアルに提出しています
お納めください
日誌

そして保育園の先生方に
楽しんでもらえているのを
いいことに
今日の日誌、良かったわよ!!
園長先生
エヘヘ…

調子にのって
インスタグラムに
アップすることにしたのです
814 投稿
7.2万 フォロワー
229 フォロー中
ゆままま
広告やキャラクターを作ってるアートディレクター。母4年め。保育園の連絡帳に4歳児「ゆま」の味わい深い日々を記録。つらい育児を笑える育児に変えて平日地道にアップ中。なかなかお返事できませんがコメント嬉しいです！無言フォローお気軽にお願いしますー！

そもそも なぜこのような
マンガ風の
連絡帳を
描くことに
したかというと……

毎日先生に
お知らせすることって
鼻水出てますくらいしか書くことない…
あんまりないないなー
ということと

どうせ書くなら先生方に
楽しんでもらおうかな～
という根っからの
エンタテイメント精神と
子どもの今しかない
姿や言葉を忘れないように
メモしておきたいな～と
思ったからでした
オモシロイ…

しかし思い起こせば
慣れない子育てが
しんどすぎて
イライラすることも
多かったので

それを自分自身で
笑いとばしたいという
意識が働いたのかも
しれません

こんな何気ない理由で
はじめたひとコマ
連絡帳でしたが

毎日インスタに
投稿するたびに

「うちも同じです！」
「うちのコはこうでした！」
という
コメントをいただいて

嗚呼……
みんな同じなんだ……！
と私自身が本当に励まされ

全国のパパ・ママ！
育児大変だけど一緒に
がんばろうな!? と…いつも
ひとりスマホに向かって
叫んでいます（心の中で）

そのおかげもあって
以前は娘に対して
「もう困らせないで……」
と思っていたのに
もうやめてェェェ〜

最近は
ねんどよ!
何かやれ…
と心の中で
願ったりして
ねんど

この連絡帳をはじめてから
育児にヨユーができたなァと
よく思います
本人が少しずつ成長している
というのもありますが

そんなこんなしていたら
おかげさまでこんな
立派な本に……!!
せんせい、うちのコがタイヘンです。
ゆままま
思っても
みなかった…

これを手にとって
くださった方 本当に
ありがとうございます!

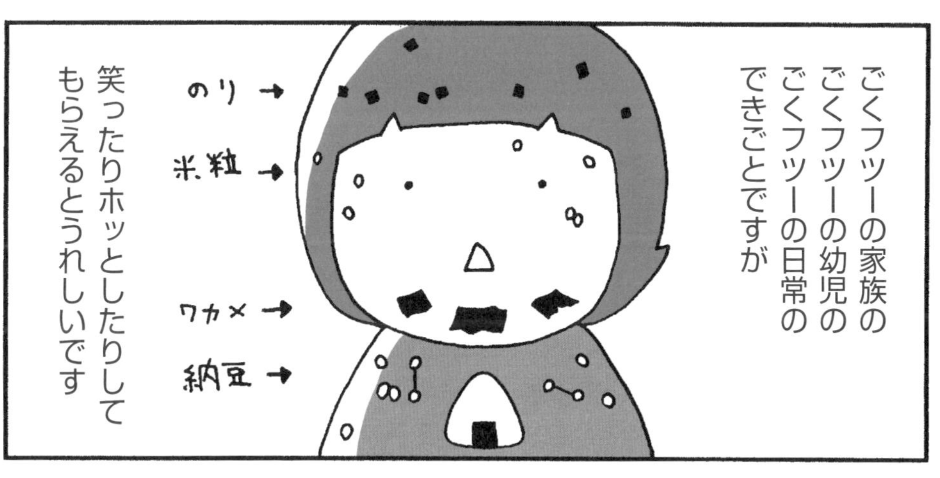

そんな感じで
ゆるゆると描いてますので

せめて納豆だけでも拭かせて…

ピー

どうぞよろしくお願いします！

実録!! ゆまの生活! 思いきって間取り公開します。

パパがわが家の間取りをご紹介。
ここで毎日いろんなできごとが繰り広げられています。

画：パパ

クローゼット
本当はこんな
スッキリしてません
ベッドは
ゆまとママで
寝ています
(パパはリビングに
布団…)
テレビ
ゆまに占領
されてます
リビング
壁にはゆまの作品が
貼ってあります
(はがされた壁紙をかくしてる)

せんせい、うちのコがタイヘンです。

保育園児ゆまの予測不能 連絡帳

CONTENTS

Chapter 1 破天荒ゆま

Chapter 2 前衛的ゆま

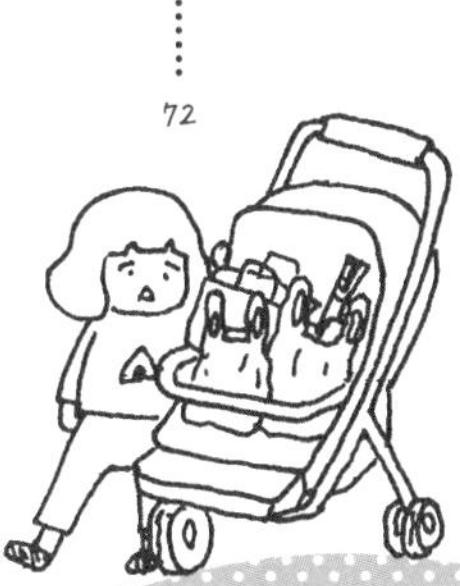

Chapter 3 予想外ゆま

Column

登場人物の紹介

突然歌ったり踊ったり、ひょうきん者の女の子。
早く5歳になりたいと願う4歳児です。
おにぎり柄の服がトレードマーク。

広告会社のアートディレクター。
ゆまの日常を保育園の連絡帳にイラストで
つづり、Instagramに投稿しています。

デンデン（オス）とナナちゃん（メス）の兄妹。
ゆまが産まれたときから一緒にいます。

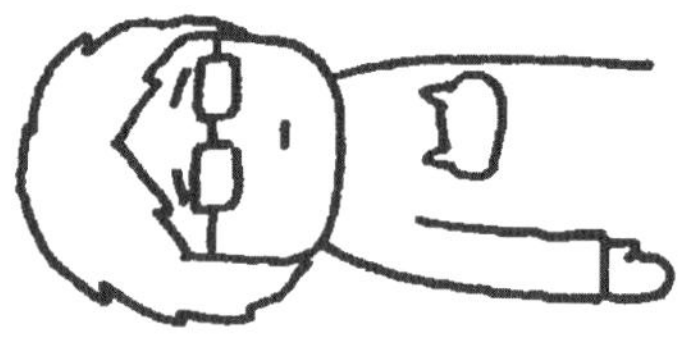

パパ

おだやかな性格でほとんど怒らない。
ゆまにデレデレで甘やかしがち。

本書のトリセツ

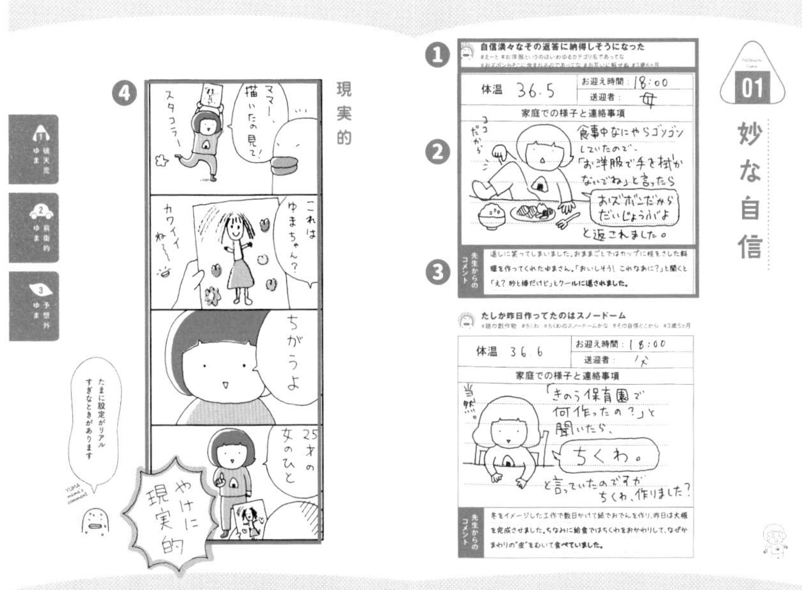

❶ インスタグラムの投稿

ゆまままがインスタグラムにアップしたときのキャプションとハッシュタグ。フォロワーさんからは「言葉選びが秀逸」と好評です。

❷ 保育園の連絡帳

ゆまが通う保育園の連絡帳。本書では主に2～3歳児の1年間のものを集めました。

❸ 先生からのコメント

保育園の先生方が連絡帳に書いてくれたコメントです。ゆまの園での様子も楽しく教えてくれます。

❹ 4コママンガ

連絡帳では伝えきれなかったエピソードや後日談を本書のために描き下ろしました。

Chapter 1

破天荒ゆま

zzz……

妙な自信

自信満々なその返答に納得しそうになった

#えーと #お洋服というのはいわゆるカテゴリ名であってな
#おズボンもそこに含まれるのであってな #お互いに解せぬ #3歳6ヶ月

体温 36.5	お迎え時間：18:00
	送迎者：母

家庭での様子と連絡事項

食事中なにやらゴソゴソしていたので、「お洋服で手を拭かないでね」と言ったら

「おズボンだから だいじょうぶだよ」

と返されました。

先生からのコメント

返しに笑ってしまいました。おままごとではカップに枝をさした料理を作ってくれたゆまさん。「おいしそう！ これなあに？」と聞くと「え？ 砂と棒だけど」とクールに返されました。

たしか昨日作ってたのはスノードーム

#謎の創作物 #ちくわ #ちくわのスノードームかな #その自信どこから #3歳5ヶ月

体温 36.6	お迎え時間：18:00
	送迎者：父

家庭での様子と連絡事項

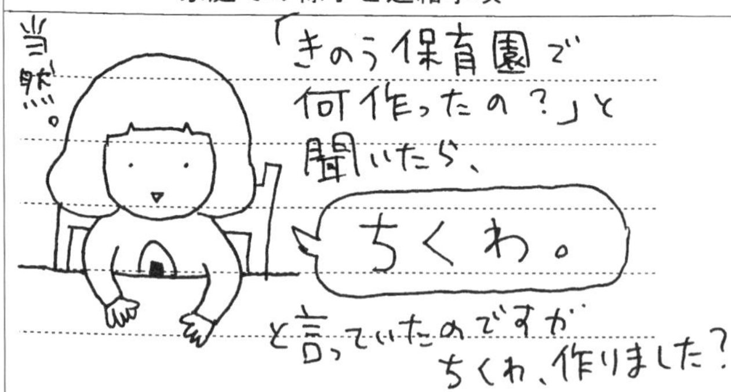

「きのう保育園で何作ったの？」と聞いたら、

「ちくわ。」

と言っていたのですが ちくわ、作りました？

先生からのコメント

冬をイメージした工作で数日かけて紙でおでんを作り、昨日は大根を完成させました。ちなみに給食ではちくわをおかわりして、なぜかまわりの“皮”をむいて食べていました。

現実的

ママー、描いたの見て!
スタコラ~
これはゆまちゃん?
カワイイね~~
ちがうよ
25才の女のひと
やけに現実的

YUMA mama's comment

たまに設定がリアルすぎなときがあります

おしり

前にあったら困る

#おしりがうしろにあってよかった #みんなで歌おう #おしりうしろの歌
#もしかしてこういう歌があるんかなぁ #3歳5ヶ月

体温 36.6	お迎え時間：18:00
	送迎者：母

家庭での様子と連絡事項

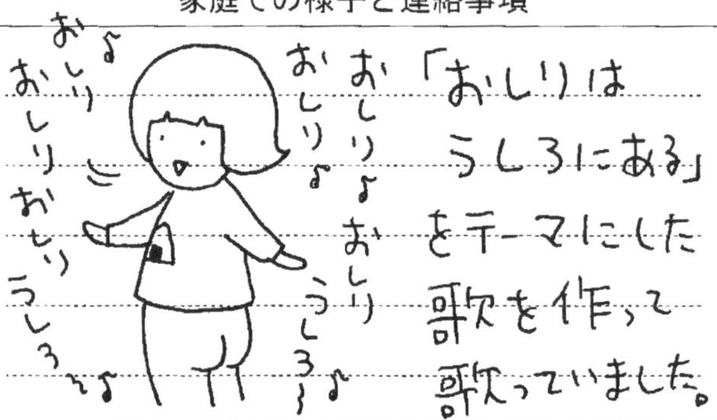

先生からのコメント

作詞までできる才能がうらやましいです。なかなか園では見せてもらえないので、いつか披露してくれるのを楽しみに待ちたいと思います。

うわ！ そりゃ大変だ!!

#おしり #割れてる #大変だ #みんな割れてる #みんな大変だ #3歳1ヶ月

体温 36.5	お迎え時間：18:00
	送迎者：父

家庭での様子と連絡事項

先生からのコメント

おしりー!! 園でも時折おしりを出したまま、なまめかしいポーズをとっています。

1 破天荒 ゆま

2 前衛的 ゆま

3 予想外 ゆま

ヘイ！尻

ばあば
ゆま〜元気？
げんきよォ!!
エッヘン

ホラ！
ホイ
ホイ
アハハ！ホント元気だね！

ホラ！
ズルリ
ホント元気元気〜
アハハ

ホラ!!
プリッ
プリッ
プリ
プリ
もうわかったから、やめなさい

プリケツは元気の証らしいです

YUMA mama's comment

相棒の負担を気遣うむすめ

#やさしさ #ベビーカー #バギー #産まれたときからの相棒 #3歳3ヶ月

体温　36.5	お迎え時間：18:00
	送迎者：母

家庭での様子と連絡事項

ベビーカーに重い荷物を積んだところ、ベビーカーに謝っていました。

先生からのコメント	ベビーカーにもやさしいゆまさん、素敵ですね！　今日は絵本が怖くて泣いているお友だちの肩に手を回し、もう片方の手で目隠しをしてあげていました！

おでかけ

このエネルギー、鬼も近寄れまい

#スーパー #上手だね #わかったから #少し落ち着こう
#急いで書いてBGBになってもたすみません #3歳7ヶ月

体温　36.5	お迎え時間：18:00
	送迎者：祖母・母

家庭での様子と連絡事項

スーパーのBGBに合わせて、大音量で歌います。

先生からのコメント	ノリノリだったんですね。園の豆まきでは〇〇組のお兄さん、お姉さんが鬼に扮し、ゆまさんのクラスにやってきます。少しドキドキのゆまさんは保育者と一緒に様子を見ていました。

切ない荷物

でかけるよ〜

じゃあ、このバッグと

このふくろと…

なぜかすべてバッグ

そんなに持てないのでは…？

もつ

パンパン

30分後

わ〜

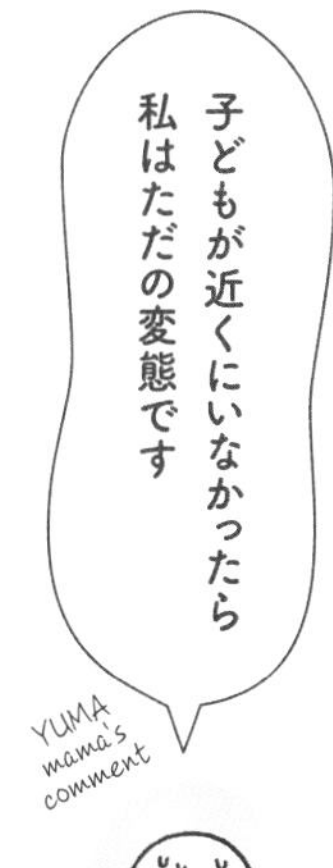

風呂場にて

お湯にお湯を足したら……なんと……お湯!!

#お風呂　#実験　#研究　#先生　#いったん肩までつかりましょう　#3歳5ヶ月

体温　36.7	お迎え時間：18:00 送迎者：父

家庭での様子と連絡事項

先生からのコメント

何か特別なお湯が完成しそうですね！　水遊びでは2つのペットボトルに交互に入れ、「カンパイしよ」と持ってきてくれました。

だんだん黄緑色になっていくお湯から必死に逃げてた

#入浴剤　#フィギュア入ってるやつ　#中から出てきたドキンちゃんのこともガン無視　#悲しみのドキンちゃん　#なんかびっくりしたらしい　#3歳6ヶ月

体温　36.6	お迎え時間：18:00 送迎者：父

家庭での様子と連絡事項

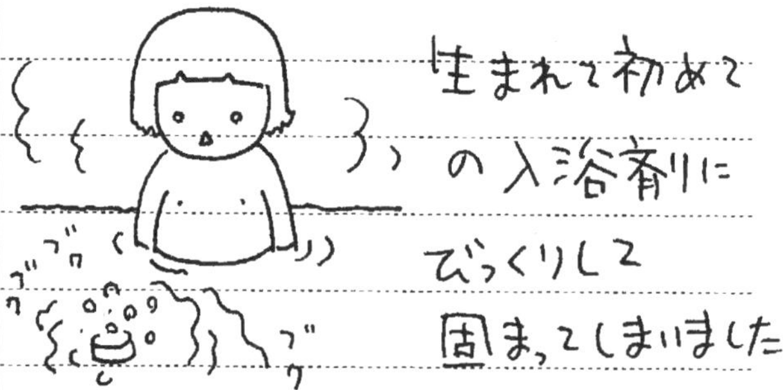

先生からのコメント

すご〜く不思議だったんですね。園庭で拾った桜の花びらをポケットに入れておくと茶色になってしまい……。「なんでピンクが茶色に!?」とショックを受けていました。

1 ゆま 破天荒

ゆま 前衛的

ゆま 予想外

シャワーDJ

シャ

ヨイショ

キュッ

ママ、いま シャンプー 流してる から……

あの～……

シャワーに してもらっていい？

じゅん ばん よん

ガガッ

理不尽!!

YUMA mama's comment

順番が回ってくるまで、ひたすら目をとじていた私です

風呂上がり

どこかほかの星と交信しているに違いない

#写真見せたい #謎行動 #初尻の出 #はよ着ろ #3歳6ヶ月

体温 36.5	お迎え時間：18：00 送迎者：母

家庭での様子と連絡事項

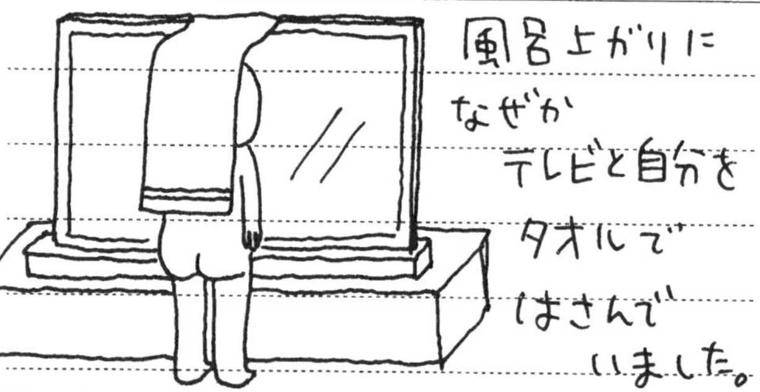

風呂上がりに なぜか テレビと自分を タオルで はさんで いました。

先生からのコメント

鏡に映していたのかな？　今日の着替えでは「その洋服かわいいね、着たいな」と言うと、裾を指さして「ほら短い。ちっちゃいからダメだよ」「パパに買ってもらって」とのことでした。

なかなか乾かないです先生!

#謎行動 #特に前髪乾かない #起きなはれ #ぷりけつ #2歳9ヶ月

体温 36.5	お迎え時間：18：00 送迎者：母

家庭での様子と連絡事項

風呂から上がると なぜか まずバスマットに 寝そべるので、 そのままの姿で ドライヤーをかけます。

先生からのコメント

お風呂上がりのルーティンでしょうか？　園では手洗いで洋服がぬれると、自分から着替えるゆまさん。「たたんでみようか」と声をかけると上手に半分にたたんで片づけていました。

風呂上がりコレクション

おむつ
グラサン
登園用リュック

金メダル
服を着ろ

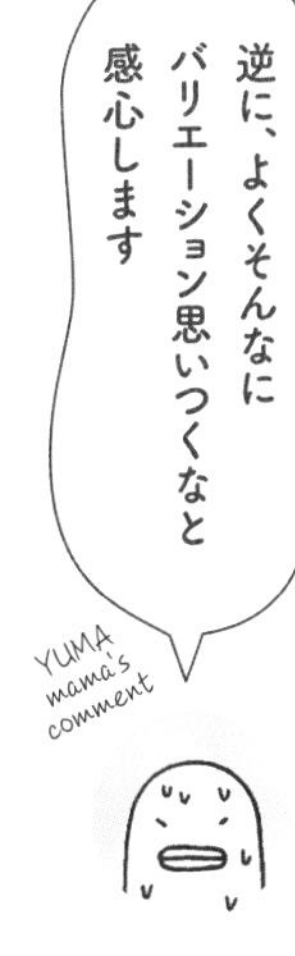

逆に、よくそんなにバリエーション思いつくなと感心します
YUMA mama's comment

おやつの時間

思い出せないミルクボ●イ作戦

#その手には　#乗っちゃう甘い親　#ママもわかんなくなっちゃった　#一緒にたべよー　#3歳8ヶ月

体温 35.8	お迎え時間：18:00 送迎者：母
家庭での様子と連絡事項	

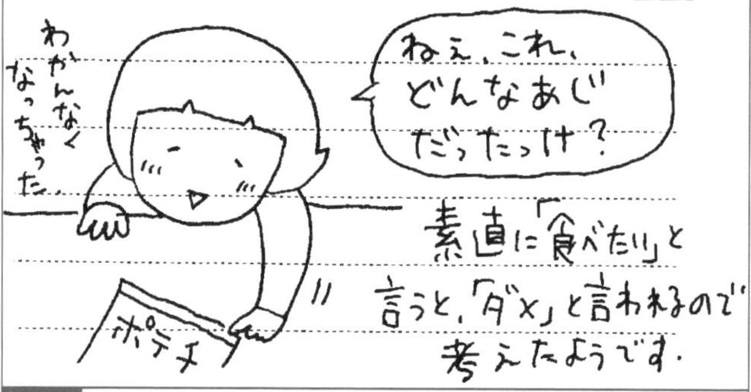

先生からのコメント

園庭でお皿やお水をせっせと運んで砂のかたさを調整していたゆまさん。「はい！ チョコレートケーキ♪」とチョコのトロトロを再現した、素敵なケーキをごちそうしてくれましたよ。

最近、磯野カ●オっぽさが加速してる

#磯野カツオ　#ナチュラルにとぼける　#口のまわり　#3歳4ヶ月

体温 36.5	お迎え時間：18:00 送迎者：母
家庭での様子と連絡事項	

先生からのコメント

そういうことをするようになってきたんですね……！ 園庭ではバケツに砂をたくさん入れてケーキを作りました。その後は「ぐしゃー！」と豪快に壊し、「食べちゃった」と言っていました。

チョコアイスの楽しみ方

オイシイネ〜!
チョコアイス
チョコ

ねぇ…すんごい顔になってるよ

えっホント?!
そそくさ

うわぁ〜ホントだっアハハッしゅごい!!
ドロボーみたいっ
拭きに行ったんじゃないんかい…

チョコアイス食べたあとの子どもたちを集めて、いつかドロボーフェイス選手権をやってみたいです

YUMA mama's comment

独特な遊び

八百長を覚えた3歳児

#じゃんけん #出来レース #不正な取引き #そりゃないぜ
#てかおもしろいのかそれ #3歳7ヶ月

体温 36.5	お迎え時間：18:00
	送迎者：母

家庭での様子と連絡事項

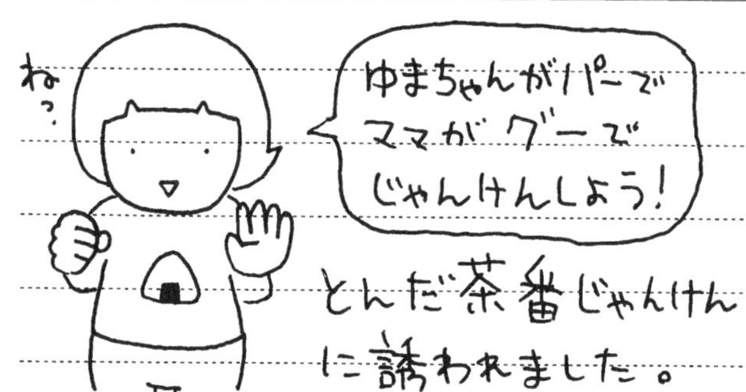

先生からのコメント
ちゃんと勝ち負けがわかってるんですね。園庭遊びでアイスクリームを作って持ってきてくれるゆまさん。味を聞くと、「タコ味!」だそうです。

ぜんぜん盛り上がらない

#架空のボタンを押して #静かに待つ #ただそれだけ #3歳0ヶ月

体温 36.4	お迎え時間：18:00
	送迎者：父

家庭での様子と連絡事項

じ〜

ただただ
ドアの前で
じっと待つ、
「エレベーターごっこ」
を開発しました。

先生からのコメント
ドアは果たして開かれたのでしょうか……。日中は園庭の砂場でままごとを楽しみました。コップとじょうごを組み合わせて「フタ付きオムライス」という名の新しい商品も作り出していましたよ。

ねんど

ゆまちゃん、ねんどで何つくったでしょ〜か？
え…
ヘビ…？
キュウリか…？
いや、ここはアレだ…
ズバリ
クワッ
うんちでしょう
じつは、ゆまちゃんもわからないの…
ゴメンネ！
答えくらい用意しといてほしいっす
YUMA mama's comment

寝かしつけ難航

夢でハワイにでも行くんかい

#サングラス　#お気に入り　#絵本もグラサンかけたまま見てた
#イケイケ睡眠　#イケ眠　#3歳4ヶ月

体温　36.6	お迎え時間：18：00 送迎者：父

家庭での様子と連絡事項

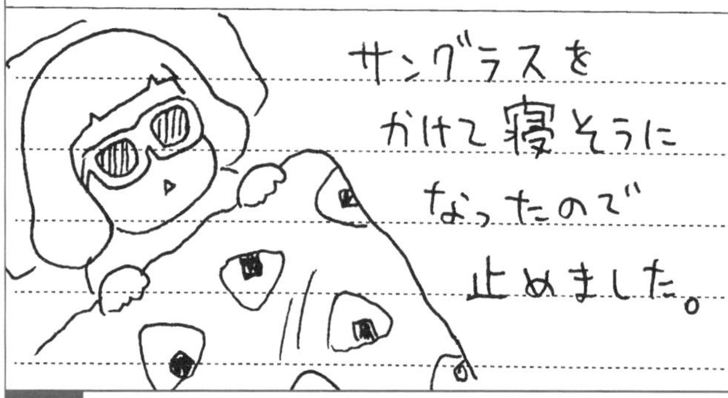

先生からのコメント

バカンス中みたいですね。布団はおにぎりなんですね。午睡ではタオルをかけてあげると「かけないの」、トントンしてあげると「かけるの」とのこと。最終的にタオルを枕にして寝ました。

寝辛くないか逆に

#寝るまで甘えたい　#ゆまサンド　#母腕筋肉痛
#顔の肉感を楽しんで紛らわします　#3歳7ヶ月

体温　36.7	お迎え時間：18：00 送迎者：母

家庭での様子と連絡事項

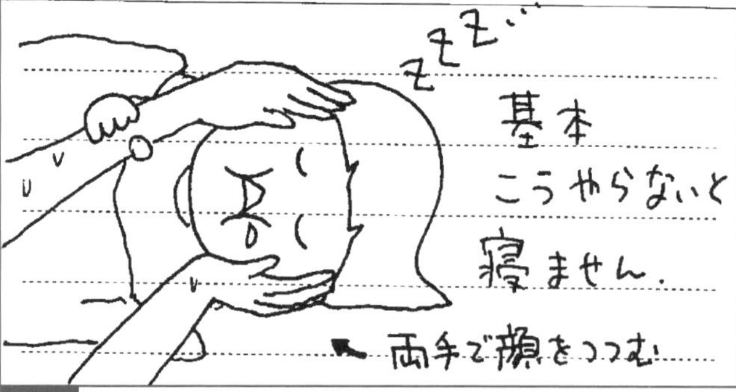

先生からのコメント

お昼寝のときに実践してみると……寝てくれました！ 安心するようですね。園庭では「おんぶしてよー」と言うゆまさん。「青いネット楽しそうだよ」と言うと「行く！」と張り切って登りました。

勝敗やいかに

今日ねぇ ほーくえんでね… あのね
るんるん
らんらん
とらんぽりんしたの、
それでねぇ…
ねろ…

ゆま、どっちが早く寝られるか
きょうそうしよ！
きょうそう…!!

ヨーイどん!!
つっ
負けないぞー!!
フフフ… しめしめ… これで寝れば ようやく 自分の時間 …!!

チュン チュン チュン チュン
くぴ〜

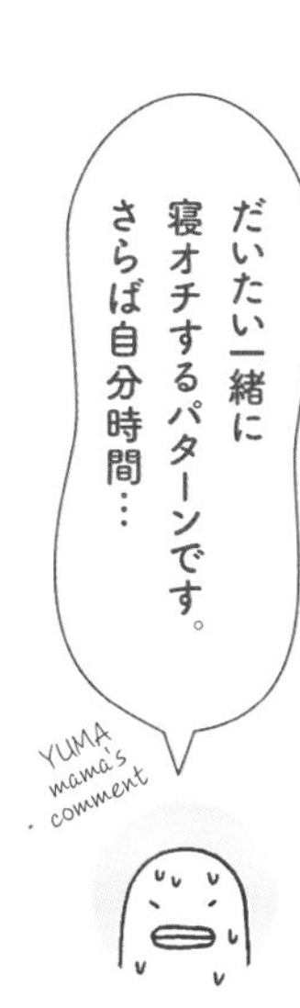

食卓てんややわんや

ぬいぐるみが先に味噌汁飲むとは思わなんだ

#やるよね　#よりによって味噌汁　#その後一緒に風呂に入った
#今ネコさん風呂場で干されてます　#食卓におもちゃ持ち込み禁止な　#3歳5ヶ月

体温　36.6	お迎え時間：18:00
	送迎者：母
家庭での様子と連絡事項	

先生からのコメント
ぬいぐるみもおいしい味噌汁をいただいたんですね。給食のきゅうりを「音がなるよ」とすすめてくれるゆまさん。食べたあとは「音きこえた？」と確認するのがかわいいです。

ファンファーレを奏でたくなるほど おいしいのはわかった。食べな。

#なめこの味噌汁　#ラッパ　#なめこも戸惑ってはる　#最近ラッパ探しが捗ってる
#3歳6ヶ月

体温　36.7	お迎え時間：18:00
	送迎者：母
家庭での様子と連絡事項	

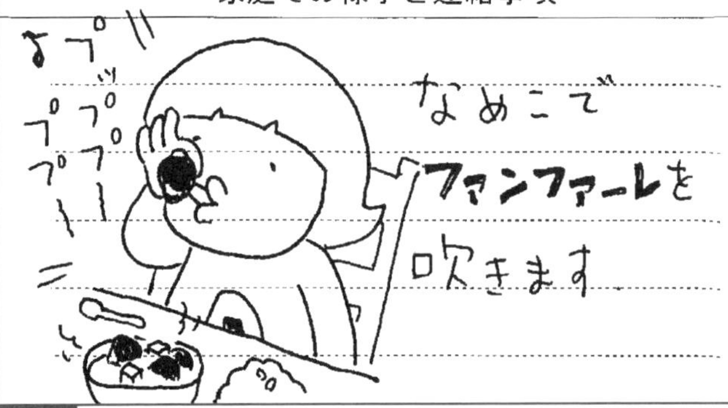

先生からのコメント
想像力が素晴らしいですね！砂場でもプリンカップで型抜きして作ったのは「からあげ味のプリン」と想像力を発揮。「おいしいから食べてよ」と何回もすすめてくれました。

通信機器

好物の焼きおにぎり
むぐむぐ

ハイッ
バッ
もしもし!!

ハイ…
しょーですか
びっくりした…

その他、バナナや焼き鳥などにも電話がかかってきます。

1 破天荒ゆま

寝起き

その感覚ちょっとわかる

#ここはどこ　#わたしはだれ　#混乱　#初海外
#飛行機の中で寝ずご機嫌とり大変でしたゲッソリ　#3歳3ヶ月

体温　36.5	お迎え時間：18:00
	送迎者：母

家庭での様子と連絡事項

先生からのコメント

ちょっと混乱してしまったんですね。今朝は園でも「飛行機のシートベルトがっちゃんってするんだよ」「タピオカは4歳になってから」と旅行の思い出を話してくれました。

いやむしろ「歌いながら起きる」が正しいのか

#起き抜けに歌う人　#起きながら歌う人　#器用だな
#まつぼっくりの歌　#ゆかいな目覚まし時計　#3歳6ヶ月

体温　36.5	お迎え時間：18:00
	送迎者：祖母・祖父・母

家庭での様子と連絡事項

先生からのコメント

目覚めがいいですね。お部屋で遊んでいるときも音楽を流すと楽しそうに歌っています。「つんつん」という歌詞のところではニコニコで友だちや保育者をつついていました。

早朝ウルトラクイズ

朝6時

ムク

ZZZ…

ママー、なんでお花は

キレイなんでしょーか?!

ZZZ…

ほわ…咲いてるから…?

ブブーー!!

「せかいはかわいいから」

でしたァ!!

ムズいし ねむい…

こっちが寝てるとか起きてるとか関係なくクイズを出してくるので、ハート強いなって思います

YUMA mama's comment

フォロワーさんに聞いてみた!

ゆまままへのQ&A

私のインスタグラムのフォロワーさんからいただいたご質問にお答えします!
質問投稿してくださったみなさま、ありがとうございました!

Q

ゆまちゃんに叱るときは
どんなふうに
叱っていますか?

ふつうに「コラァー!」って突発的に言っちゃいます

それと同時に、なんでダメなのか、どうして怒っているのかをきちんとわかるように、冷静に伝えることを心がけています。ゆまは正義感が強いタイプなのもあり、叱ると「そっか……」という顔をしてしっかり受け止めている様子です。でも最近は立場が逆転して、逆にゆまに怒られることも……。

Q

ゆまちゃんにイラっとする
ことはありますか?
そのときはどうやって
気持ちを切り替えていますか?

イラッとすること、もちろんたくさんあります!

呼んでも来ないときとか、無理なことで駄々をこねられたときとか、たくさんありますよ～! そんなときはグッとこらえて、今彼女がどんな状況でどんな心境なのかを考えるようにはしていますね。いつだって彼女なりの事情があるのだと思うので。ただ最近は、「これはインスタのネタになるな……」と内心ほくそ笑むことが一番心穏やかでいられる秘訣になっています……。

Q

ゆまままさんの
気分転換の方法を
教えてください!

寝かしつけ後の楽しみを用意してます!

寝かしつけたあとにぬるぬるとベッドから這い出して、アイスを食べながらテレビを見ることです。あとは、ネコの腹に顔を埋めて思いっきり匂いを嗅ぐことです(ちょっと臭いです)。

Q

ゆまちゃんのユニークさは
ゆまままさんゆずりですか？

私はゆまと違って内気な子でした……

子どものとき、大好きだった変身モノのアニメのおもちゃのステッキを手に入れたものの、人前では恥ずかしくて、トイレでひとり変身していました。あと、友だちとのままごとで、役になり切って演技することが超絶恥ずかしかったので、ずっと犬の役をやっていました。

Q

子どもの成長を楽しく
描かれていますが、逆に
ゆまちゃんの成長に寂しく
思うこともありますか？

ちょっと寂しく思うこともあります

私はとにかくいつもラクしたい母なので、ゆまが成長して、どんどん自分でやれることが増えることは喜ばしいです！　でも、ムチムチだった手首の、輪ゴムをはめているような線がなくなっているのに気付いたときは、ちょっと寂しかったです。

Q

ゆまちゃんのボキャブラリーや
センスはどのようにして
磨かれたのでしょうか？

バカバカしいことをして笑い合っています

日頃から家族でおもしろいと思ったことを共有して笑い合っているのがいいのでしょうかね……。私もパパも人に笑ってもらうことが好きなので、それが遺伝しているのかもしれません！

Q

ゆまちゃんの
名前の由来を
教えてください！

「ユーモア」から名付けました！

夫婦共に大切にしていることが何事にも「ユーモア」を持つことなので、「ユーモア」という言葉の響きから名付けました。

Q

パパとは育児を
どうやって
協力していますか?

うちは共働きなので完全に折半です!

ゆまを産む前から「育児家事は夫婦で折半!」と唱え続けてきたので、本当に折半です。朝の食事や登園の支度は私がやるので、保育園の送りはパパ。買い物や料理を作るのは私で、その間にお迎えに行ってお風呂に入れるのはパパといった感じです。そして洗い物はパパで、洗濯もパパ。あれ、パパ多い……?

Q

ゆまちゃんとパパの
関係性はどうですか?

パパはゆまにも〜のすごく甘々です

パパは何でも許してくれると思っているようで、おねがいがあったら私よりもパパに言うことが多いです。そしてパパはいつもカメラを持ち歩いていて、常にゆまの写真を撮っております。

Q

ゆまちゃんは
おうち時間をどのように
過ごしていますか?

動画見まくりですが創作活動もしています

ここでカッコつけてもしょうがないのではっきり言いますが……もうNet○lix見まくりです! それ以外は工作したり絵を描いたりしていますね。ものを作ることが好きみたいです。

Q

ゆまちゃんのためにしている
知育や教育方針があれば
教えてください

習いごとや教育方針はとくにないのです……

強いて言えば「毎日楽しく!」ですかね? あと、本人が自発的に興味を持ったことや、やりたいと思ったことは、たとえ続かなそうだなと思っても力になってあげたいと思っています。

Q

ゆまままさんみたいに
日誌をおもしろく書くコツが
知りたいです！

自分が覚えておきたいエピソードを気軽に！

先生へのメッセージがとくにないときは、自分自身が覚えておきたい子どもの様子や何気ないエピソードを気楽に記録するのがいいかと思います。子どもといると毎日何かしら変なことが起こりますので、それをメモしておくだけでも十分楽しいものになるのでは！

Q

保育士をしていますが、
先生からのコメントに
どんなことが書いてあったら
うれしいですか？

反応をいただけたらそれだけでハッピーです

描いたエピソードに反応していただけたら、「お付き合いいただきありがとうございます……！」と手を合わせます。あとは「園でもやっています」や「先生の前だとこうです」のような園生活が垣間見えるコメントがうれしいです。

Q

ゆまちゃんの前で夫婦の
スキンシップをしますか？
そのときの反応はどうですか？

夫とのスキンシップは無反応なんですが……

目の前でパパとそういうことをしても何も反応ないんですが、ネコをかわいがると「わたしとどっちがかわいいの？！」と聞いてきます。

Q

毎日忙しい中、
日誌はいつ書いて
いるんですか？

毎朝、準備の途中に書いています

朝、支度をしている最中に、バタバタと5分くらいで書いています（なのでたまに漢字とか間違ってます）。

惜しい

ひだりわが、あっちわが、こっちわがわがわが

#いいまつがい　#なごむ　#このままでいてほしい気もする　#3歳8ヶ月

体温　36.5	お迎え時間：18:00
	送迎者：父

家庭での様子と連絡事項

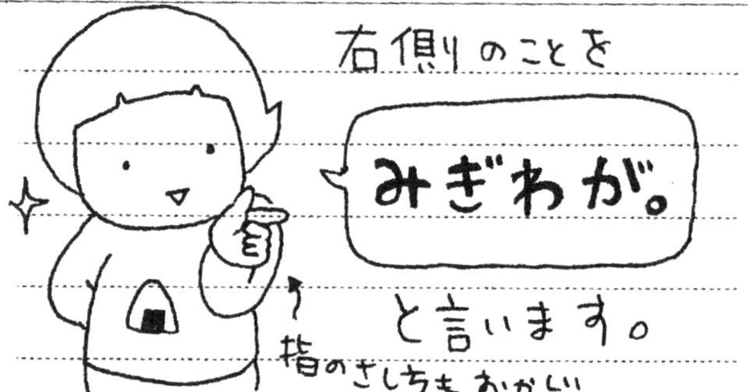

先生からのコメント

かわいい言い間違いですね。昼食後のお着替えでも「ははかんぼう（はだかんぼう）！」と言い、お腹を出してアピールしてきたので笑ってしまいました。

きつねのおだんごではない

#きつね　#つくね　#似てる　#きつねタレ　#きつね塩　#3歳1ヶ月

体温　36.5	お迎え時間：18:00
	送迎者：母

家庭での様子と連絡事項

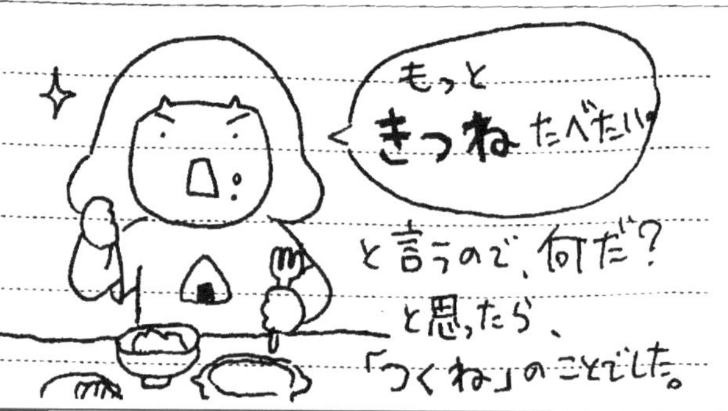

先生からのコメント

油揚げではないのですね。プールサイドではタコのおもちゃにソースのケースで勢いよく水をかけていて、正解なような惜しいような、発想が豊かなゆまさんでした。

そっちじゃない

1
ゆま
破天荒

2
ゆま
前衛的

3
ゆま
予想外

ママ〜おしっこ〜!!
ジタバタ
わ〜
手伝おうか?
Toilet
いそげ〜
ひとりでできる!!
ヨシ
グッ

借しい!!
ぬぎっ

どっからオシッコ出すんや
YUMA mama's comment

辛辣なひとこと

柄じゃねえから

#たしかに #ってオイ #自分の名誉のためにお伝えしますが
#いつも出ているわけじゃなく #眉毛を上げた表情をしたときにですね #2歳9ヶ月

体温 36.5	お迎え時間：18：00
	送迎者：父か母

家庭での様子と連絡事項

先生からのコメント

チェックが厳しいですね。着替えのときにゆまさんのズボンを見て「ズボン、三角だね」と言うと、手で△の形を作ってくれました。○や×も手で作って「ほら」と見せてくれました。

だよね……ママもビックリだヨ……

#年齢確認 #数字に興味のあるお年頃 #でっかい母
#どのくらいデカいかは伏せておきます #3歳6ヶ月

体温 36.7	お迎え時間：18：00
	送迎者：母

家庭での様子と連絡事項

先生からのコメント

数字の多い・少ないがわかるんですね！ 給食ではブロッコリーサラダを食べて「お家のはすきじゃないけど保育園のはおいしいの〜」とひとこと。気に入っておかわりもしました。

ぬり過ぎ

パシャ
何ぬってるの?
化粧水

ぬり~
それは何?
クリームよ

ぬりりり
それもぬるの?
下地ね

まだぬるの!!
オドロキ~
もう
ほっとけっつの

言われてみれば、何をそんなに塗り重ねてんのかなって思いますよね。私も思います

YUMA mama's comment

親切心が過ぎる

世界一の仕事をする忘れものセンター

#身につけていないものはすべて忘れもの #忘れものの定義とは #うっかりしてた #ありがとう #と言うと満足そう #3歳1ヶ月

体温 36.4	お迎え時間：18：00
	送迎者：父

家庭での様子と連絡事項

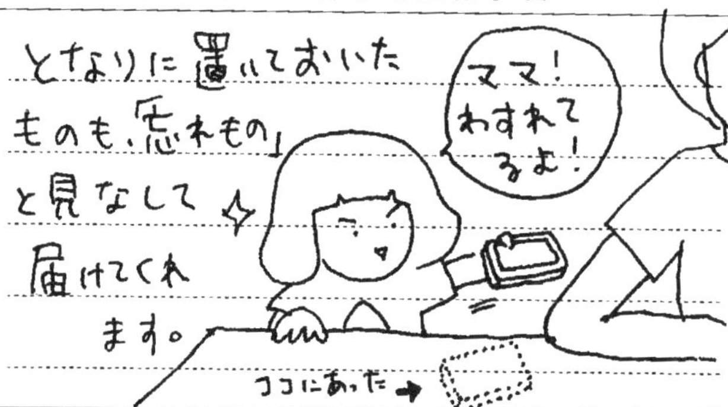

先生からのコメント
私がテーブルの近くに座っていると「はい、コーヒーでも飲んだら」と超気の利くOLのような口調でコップになみなみのコーヒーを持ってきてくれ、身も心も温まりました。

おかんのような3歳児

#おいしいものはシェアしたい #相手がどうあれシェアしたい #いっこだけだから大丈夫 #あきらめない心 #3歳4ヶ月

体温 36.5	お迎え時間：18：00
	送迎者：父 OR 母

家庭での様子と連絡事項

先生からのコメント
おいしいをおすそ分けですかね。砂場でも「はいどうぞ」「ほらおてでだして」とわんこそば並みのテンポで土だんごを振る舞ってくれておもしろかったです。

破天荒ゆま

前衛的ゆま

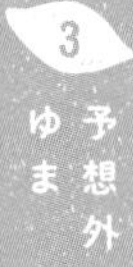
予想外ゆま

やさしさ

バサッ

ちょっと昼寝しよーっと

うわ!!

ジャーン

マットレスに顔が…!!

マジックで描かれている…!!

わ〜いありがと〜うれし〜

パパがよく眠れるように、パパのおかおを描いてあげたのよ…!!

エッヘン

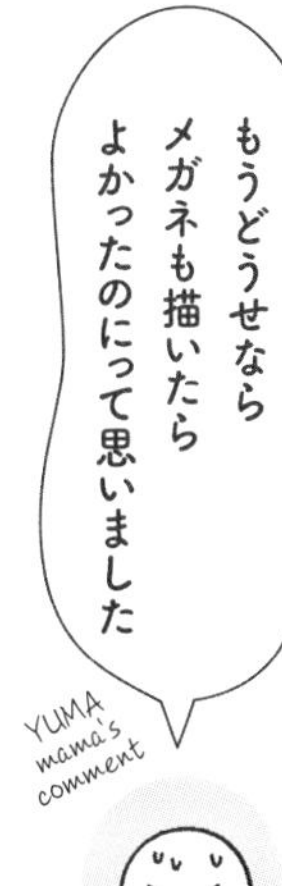

ネコとの関係

ネコに厳しいむすめ

#ネコ　#ネコとむすめ　#兄妹　#通じたようでこのあとテレビの前から去りました　#3歳3ヶ月

体温　36.5	お迎え時間：18:00
	送迎者：祖母・母

家庭での様子と連絡事項

先生からのコメント

テレビを見るときのお約束がしっかりと身についていますね！園でもネコの人形が大好きでお昼寝のときも一緒。「ネコちゃん寝るの？」と聞くと「ねむいって」と抱きしめていました。

両者共におかしい

#むすめよ　#わかったから服を着よう　#ネコよ　#少しは嫌がろう　#3歳3ヶ月

体温　36.5	お迎え時間：18:00
	送迎者：父

家庭での様子と連絡事項

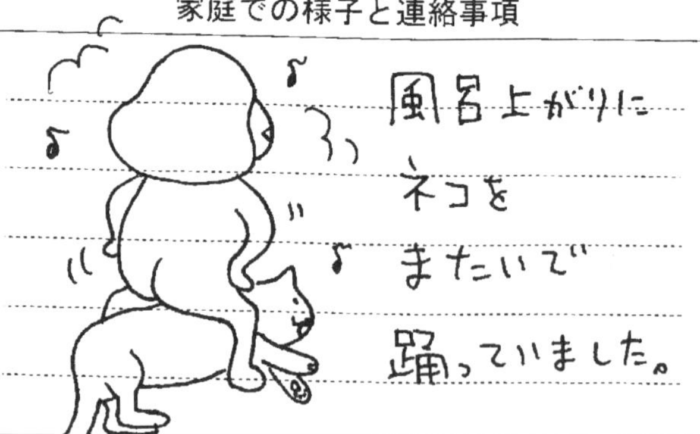

先生からのコメント

ネコの表情がどんなだったのか、気になります。今日もおもちゃで遊ぶときも工作をするときもネコちゃんの人形と一緒！　取られないようにおしりの下に隠していましたよ。

ネコとゆま

ウチには
ネコが2匹います

ナナちゃん
(メス)
デンデン
(オス)
きょうだい

ふたりとも
かなりおおらかで

ゆまが暴れても
まったく気にせず

一緒に昼寝したり
仲よくやってますが

お絵描きのときは
だいたいケンカします

紙に乗りたいネコ
ぐぬぬぬ
紙に描きたいゆま

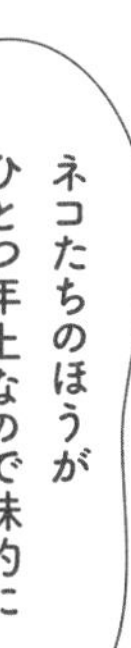

目に水が入る恐怖

そっちか〜い!

#おめめパチパチ　#おててパチパチ　#確かにどっちもパチパチ
#説明不足でした　#必死に拍手　#3歳0ヶ月

体温　36.5	お迎え時間：18:00 送迎者：母

家庭での様子と連絡事項

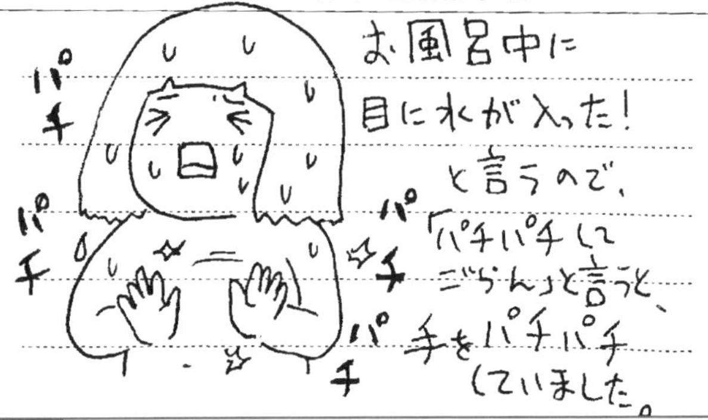

先生からのコメント

その様子を思い浮かべて笑ってしまいました。そういえば、砂遊びのあとのシャワーの際にも、体にかけているのにずっと目をつむっていました。

なんかえらそう

#シャンプーハット　#目に水が入ると大騒ぎ　#確かに間違いない　#3歳3ヶ月

体温　36.5	お迎え時間：18:00 送迎者：父

家庭での様子と連絡事項

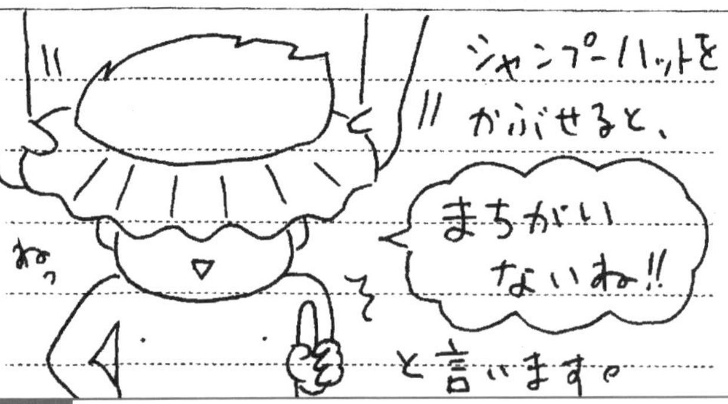

先生からのコメント

シャンプーハット、珍しいものだと楽しくて常に身につけていたくなりますよね。その気持ちわかります。

洗顔

ゆまちゃん、顔洗えるようになったのよ!!

えーっすごいじゃん

見てて。

うん

バシャア

ねっ!

スゴイでしょ

アゴは洗えているね…

うん…

1 破天荒ゆま

2 前衛的ゆま

3 予想外ゆま

生まれてから今まで、正式に顔を洗ったことは一度もないんじゃないかなぁと思います

YUMA mama's comment

謎のキレどき

せやろな

#絵本ぐるぐる巻き　#何にでもテープ貼る　#テープ魔　#テープ好き
#お門違い　#3歳0ヶ月

体温　36.5	お迎え時間：18:00
	送迎者：父

家庭での様子と連絡事項

自分で絵本をテープでぐるぐる巻きにして、「開かない」と怒っていました。

先生からのコメント
ラッピングのつもりだったのでしょうか……。がんばれゆまさん！　製作で丸シール貼りをするととても真剣な顔で取り組み、完成品はとても芸術的な仕上がりでしたよ。

とんだとばっちりでやんす……

#バナナ　#ギリギリまで攻めすぎ　#持つとこ考えよう　#折れてもおいしい　#3歳5ヶ月

体温　36.5	お迎え時間：18:00
	送迎者：父

家庭での様子と連絡事項

バナナをギリギリまでむくのですぐ折れます（そして怒ります）

先生からのコメント
1本そのまま食べるのがロマンですよね……。とうもろこしの皮むきでは真剣な表情で集中し、皮をむいていました。とうもろこしのヒゲを見ると「ヒゲ～」となんだかうれしそうでした。

1
破天荒
ゆま

2
前衛的
ゆま

3
予想外
ゆま

加減がわかりません

よーぐるとあーけーてー!!!
ヨーグルト
いいよ
わくわく
ペリ
ヨーグルト
あーーっ!!
ペリリリリリ
ダン
ヨーグルト
そんなにあけないで!!
加減がわかりません♡
ヨーグルト

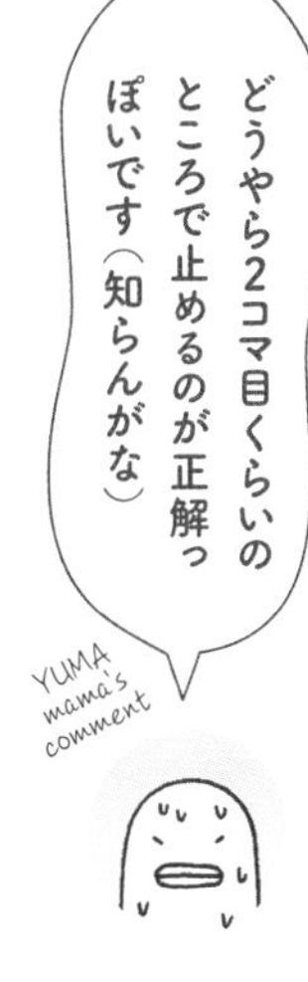
どうやら2コマ目くらいのところで止めるのが正解っぽいです（知らんがな）
YUMA mama's comment

七五三

すみやかにお直しへ

#七五三 #着物 #腹問題 #本人はよくわかってない #3歳4ヶ月

体温 36.6	お迎え時間：18:00
	送迎者：父

家庭での様子と連絡事項

こんど七五三をするので着物を着せてみたら、立派なおなかでスソが持ち上がってしまい丈、短っ!!となりました…

先生からのコメント

なぜかものすごく想像がつきます。貫禄がありますね。ずれ落ちなくてよさそうです！

よくがんばりました（大人が）

#七五三 #部品引きちぎる地べたに寝そべる #てんやわんや
#ご祈祷のときはじっとしてたすごい #よくがんばりました #3歳4ヶ月

体温 36.5	お迎え時間：18:00
	送迎者：父

家庭での様子と連絡事項

昨日は七五三でした。覚悟はしていましたが全体的に破天荒っぷりすごかったです（特に写真撮影時）

先生からのコメント

慣れない服装だと動きづらいですし、嫌な気持ちはわかります。今日は給食がきれいに完食できて「ママに伝えておいてね」と言われたので、たくさんほめてあげてください。

七五三はつらいよ

七五三の撮影、大変でした……

ホラ、これもってて

プイ

着物のパーツを引きちぎったり、地べたに座ったり……

ギョエ〜レンタルなのに……!!

バキッ

ブチ

ブチッ

それでも、奇跡的にそれっぽいカットが撮れました

ややひきつってますけど…

これもひとえにスタッフさんや祖父母の涙ぐましい努力のおかげです

おかしなテンションの人たち

コッチよ!

ホラ!

ゆま!!

ほぼ宇宙人の3歳児にこんなお上品に撮らせろって言うのがそもそも無理ありますよね⁉（ウチだけ？）

YUMA mama's comment

突然リサイタル

最近よく踊ります

#パンツ　#ダンス　#やめなはれ　#服着なはれ　#3歳3ヶ月

体温　36.5	お迎え時間：18：00
	送迎者：父

家庭での様子と連絡事項

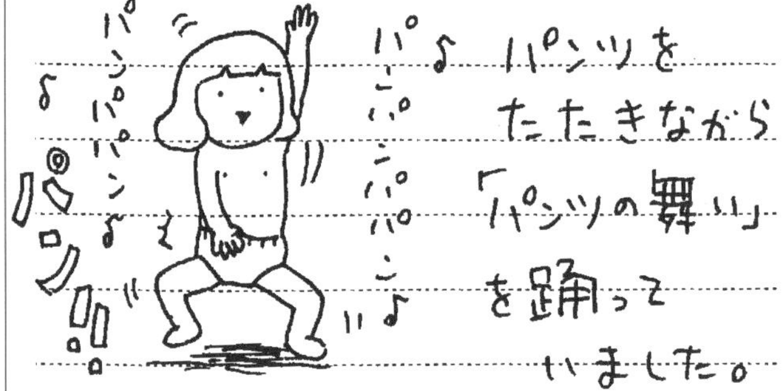

先生からのコメント

楽しそうな姿が目に浮かびます。外遊び後のシャワーでは、パンツ一丁で腰に手を当て仁王立ちで「いいよ」とGOサイン。水をかけても微動だにしない姿に笑いがこらえ切れませんでした。

何も起こらない風呂上がりはない

#おおきなかぶ熱唱　#尻　#すっぽんぽんのすけ　#わかった　#着ような
#3歳7ヶ月

体温　37.0	お迎え時間：18：00
	送迎者：祖母・母

家庭での様子と連絡事項

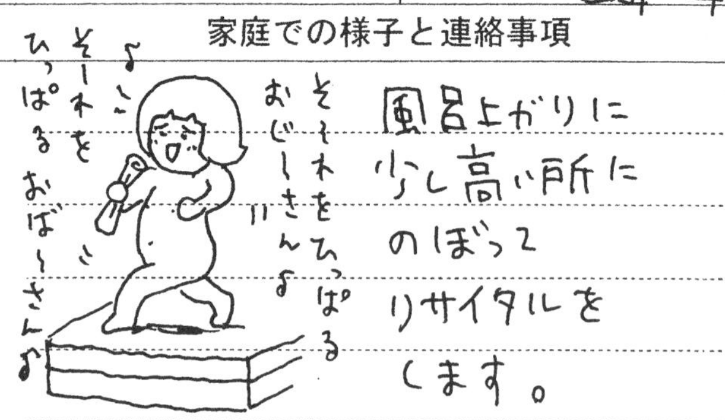

先生からのコメント

着替えの際、ズボンも肌着も星柄だということがうれしかったようで「ねえ！ ゆまちゃんを見て！」と上の服を頭にかぶって踊るゆまさん。「かわいい〜」と言うとしっかりポーズもとってくれました。

出す気なし

ママ〜、うんち〜…

ナニッ

モジ モジ

早く早く!!

ピュー

まにあった…

……。

あれ…ウンチしないの?

♪みんなのチカラでェ ゆうきをだせばァ〜 イェイイェイ〜♪

ハァ〜

えっ、マジ何!

出たのはウンチではなくオリジナルソングでした

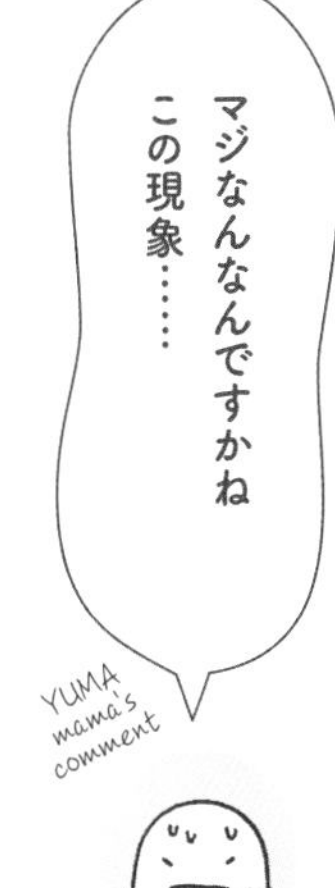

Hatenkou Yuma

19 みんな大好きなアレ

気持ちはわかりますが小声でおねがいします

#うんちん　#うんち　#ひと文字ないだけでこんなにもおもしろい
#うんちが好きなお年頃　#朝からすみません　#3歳5ヶ月

体温　36.5	お迎え時間：18:00
	送迎者：母

家庭での様子と連絡事項

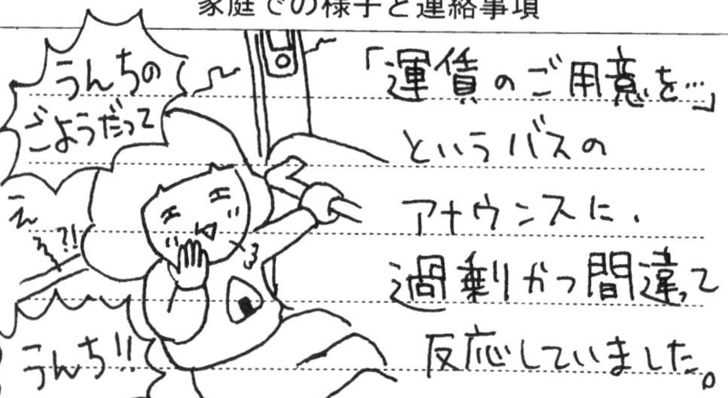

先生からのコメント

避難訓練で「おかしも」という避難の際の約束の話を聞くと、「おかしおいしいね」と言っていてとても和みました。

夜の街に響き渡るうんこの叫び

#えほん　#うんこ　#うんこ読みます読みます　#だから寝てください
#朝からすみません　#2歳10ヶ月

体温　36.5	お迎え時間：18:00
	送迎者：母

家庭での様子と連絡事項

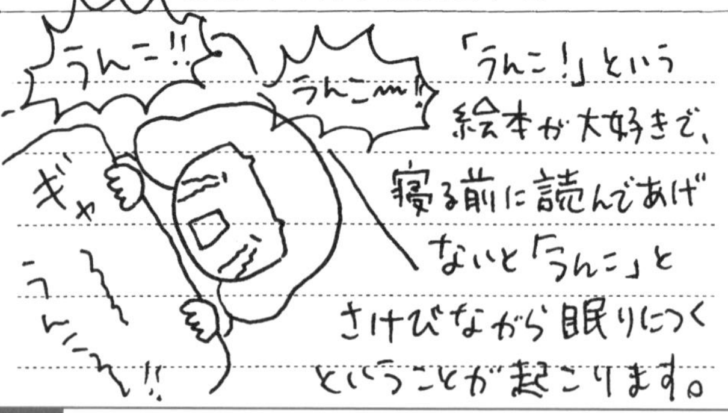

先生からのコメント

ゆまさんがトイレでおもむろにズボンを下げ、立ったまま用を足そうとするので、保育者がわぁ〜とあわてていると、おしりを出しながら不思議そうな顔で見つめられました。

1 破天荒ゆま

2 前衛的ゆま

3 予想外ゆま

言ってます

いただきまーす

あのしゃー。
ごはん中にしゃー。

エッヘン
うんち
ブッ
って言ったらいけないのよ!

いい?
パパ、うんちって言ったらダメよ!!
ハイ…
あの〜
めっちゃ言ってしまってますやん

ミイラとりが
ミイラになっているのを
気が付いてません

YUMA mama's comment

ゆまぱぱからの連絡帳

実はうちはパパも絵が得意です（なんなら私よりもうまい……）。以前は連絡帳にパパが描いていたこともあるので、一部をご紹介します！

健康	検温36.8℃ 薬（有・無）	睡眠	21:10〜7:00 17:30 母	排せつ	時間 硬・普通・軟・下痢

わかさぎのからあげを
食べていたら、
にがいところに当たってしまい
ブルブルふるえていました。
父

苦くて震える人を初めて見ました……

#わかさぎ　#苦くて苦くて震える　#父作　#1歳11ヶ月

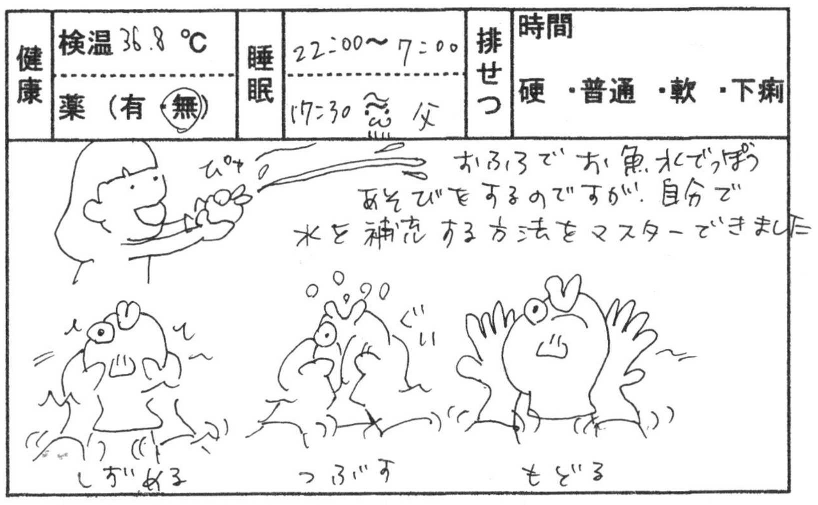

ささいな成長でも大ニュースです
#水鉄砲 #2歳0ヶ月

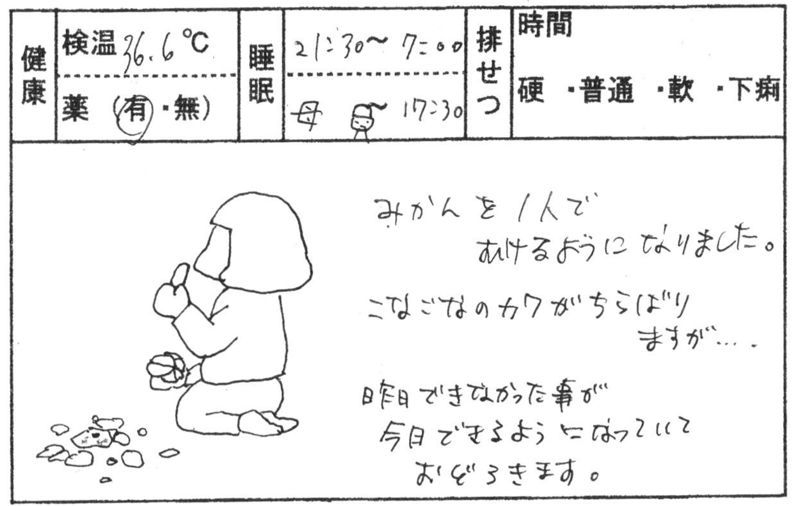

剥くというより引きちぎってます
#みかん #最近みかんネタが多い #成長 #2歳4ヶ月

Chapter 2

前衛的ゆま

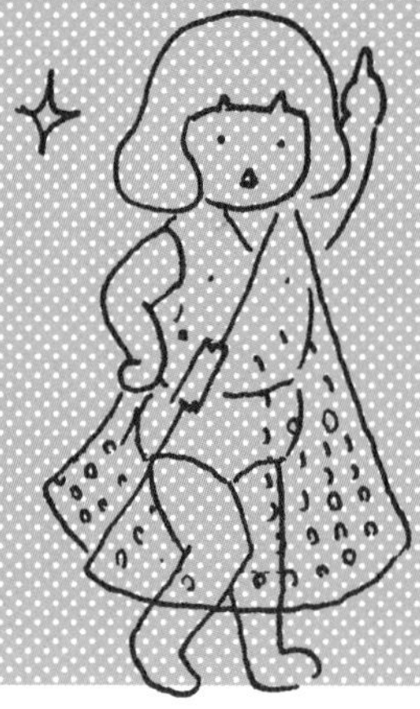

創造的

先生……美しいですが困ります……

#お絵描き好き #ロマンチスト #どうしても写し取りたかったらしい
#窓から夕日がよく見えます #3歳4ヶ月

体温 36.5	お迎え時間：18:00
	送迎者：母

家庭での様子と連絡事項

先生からのコメント
園庭遊びではアイスのコーン型に黄色のカップをかぶせて、アイスを作っていたゆまさん。とってもさわやかな色味でおいしそうでしたよ。

ぜんぜん進まない

#石 #石コレクター #アスファルトの埋め込まれた石も取ろうとする
#はよ行こうや #3歳8ヶ月

体温 36.6	お迎え時間：18:00
	送迎者：母

家庭での様子と連絡事項

先生からのコメント
いいかんじの石……好みの形がきっとあるんですね。園でも小さな石を集めて地面にお絵描き。○と十を組み合わせた形や、ニコニコの顔をたくさん描いていました。

芸術家

風呂上がりのダンナがリビングの入り口で急に仁王立ちで動かなくなったので

??

何してんのかなと見てみたら

ビクッ

ハイ

うごかないで

服着たい…

こっちみて!!

ゆま画伯のモデルをやらされていました

本当はこのときの写真があるんですが、彼のプライバシーのためにお見せするのはやめておきます

ちなみに電車は作れないとのこと

#ゆまちゃんが作ってあげるシリーズ　#頼もしい　#iPadも作ってほしい　#3歳2ヶ月

職人

体温　36.5	お迎え時間：18：00 送迎者：祖母・母

家庭での様子と連絡事項

先生からのコメント

頼もしいですね！ぜひ僕にも1台……（笑）。園庭では「雪だるまつくる」とおだんごを2つ製作。「雪は白いから、こうやってお砂をかけて白くするんだよ」と白砂をかけていました。

似てます！ 傑作です先生!!

#似顔絵　#前衛的　#抽象的なパパ　#ぜんぜんわからん　#アヴァンギャルド　#2歳11ヶ月

体温　36.4	お迎え時間：18：00 送迎者：父

家庭での様子と連絡事項

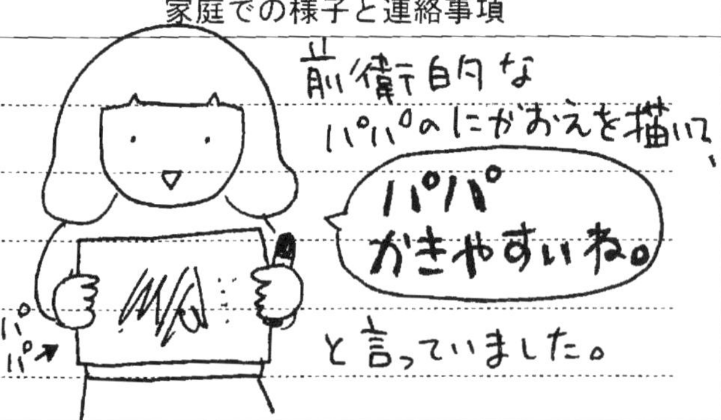

先生からのコメント

「かきやすいね」という表現にセンスを感じます。今日は園でも1人しゃがみ込んでもくもくと丸太の穴の中に砂をつめて押してみたり、独自の作品を作っていました。

ネーミングセンス

破天荒 ゆま

前衛的 ゆま

予想外 ゆま

YUMA mama's comment

ゆまのネーミングセンスが独特すぎて先生も覚えられず、紙にメモってくれています…

全裸シリーズ

全裸では出かけません

#全裸 #モノマネ #奥さん服着るの忘れてますよ #はよ着ろ #2歳11ヶ月

体温 36.5	お迎え時間：18:00
	送迎者： 母

家庭での様子と連絡事項

先生からのコメント

子どもって重いものを意外にも軽々持ちますよね。全裸だったのは気になりますが……。シャワーのあともすっぽんぽんでタオルだけ羽織り、踊りながら部屋に入ってきました。

風呂上がりの儀式

#たたむ #たためるところまでギチギチにたたむ #広げると怒る
#足拭きマットはいいから #それより服着て #3歳1ヶ月

体温 36.6	お迎え時間：18:00
	送迎者： 母

家庭での様子と連絡事項

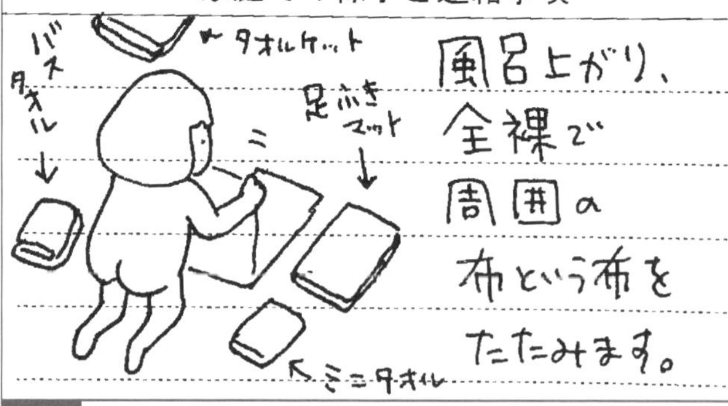

先生からのコメント

おやつの口拭きタオルをたたむのを手伝ってくれるゆまさん。「これは大きいから小さくしないとね」と考えながらたたんでくれました。

時短の代償

オフロ入るよ〜
ママー、
んー?

こうやって、せんたくカゴの中でぬぐと
エッヘン
早いのよ!

ヨイショ
ヨイショ

先に入ってるね…
ドキーン

かくれんぼ

かくれんぼの定義を覆された

#かくれてない #かくれんぼ #家族でやりました #親のほうが本気 #めちゃくちゃ盛り上がった #3歳4ヶ月

体温 36.5	お迎え時間：18:00 送迎者：母

家庭での様子と連絡事項

ゆまちゃんいないよ!!

←自分で補足

家の中でかくれんぼをしたのですが、「ベッドになりきる」という手段をとっていました。

先生からのコメント

大人だとなかなか思いつかない方法ですね！ 園庭で椅子に座っていると、コース料理のようにごはんを持ってきてくれました。コーヒーにカレーを入れたという斬新な料理もありました。

灯台下暗し……!!

#かくれんぼ #斬新なかくれ場所 #灯台下暗し #なわけあるかい #3歳6ヶ月

体温 36.5	お迎え時間：18:00 送迎者：祖母.父

家庭での様子と連絡事項

かくれんぼをしたら、私の服の中にかくれました。

先生からのコメント

いろんな意味で全然かくれられていないのがかわいすぎます。どんと焼きで獅子舞が来るとかくれ、いなくなってから「ゆまちゃんガブッてされてな〜い」とちょっと満足げでした。

けなげすぎて軽率に「み～つけた！」とは言えず、しばらく周囲をウロウロしました

YUMA mama's comment

難解なおねがい

片手ずつパーとグーを差し出したらめっちゃ怒られた

#パー #グー #やばい超むずい #ほおーなるほどですね #ってわかるかーい #3歳3ヶ月

体温 36.5	お迎え時間：18:00 送迎者：母

家庭での様子と連絡事項

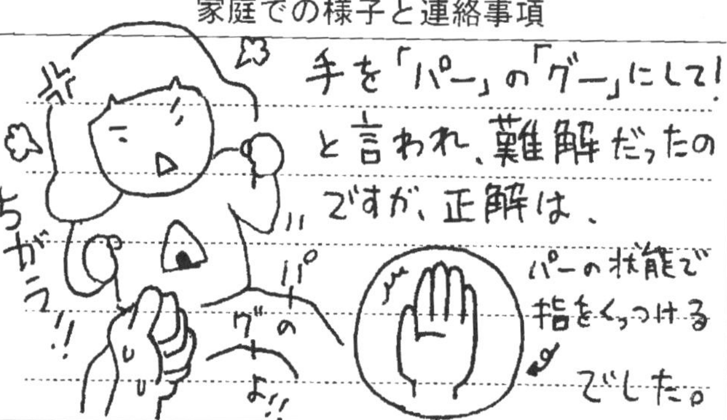

先生からのコメント

それは難しいですね……（笑）。今日は外遊び後にシャワーを浴びるとき、急に「パーだよ！」と言って両手両足を広げた格好になり、友だちと喜び合っていました。

次元の感覚が研ぎ澄まされてる。

#1つとか2つとかならわかるけど #まさかの3 #3次元 #サザエさんか #髪の毛伸びた #3歳0ヶ月

体温 36.5	お迎え時間：18:00 送迎者：父

家庭での様子と連絡事項

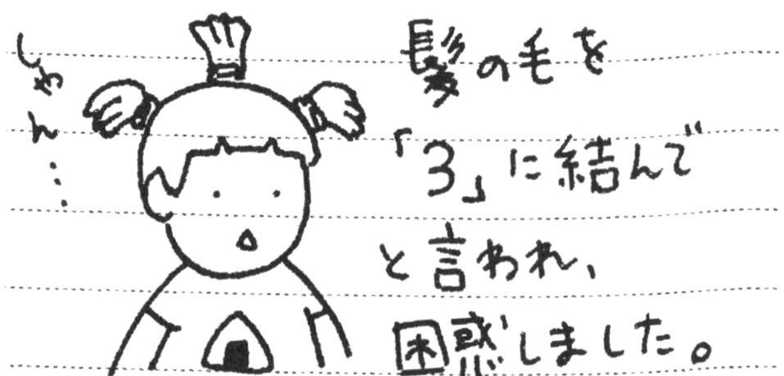

先生からのコメント

3だとバリエーションもいろいろありそうですね！私はプール後のお着換えでパンツを履きながら「どっちが前でしょ～？」とクイズを出され、どっちを答えても「正解！」と言われました（笑）。

ハートの魔法

あっ棒だ!!
やーっ
ママよ、ハートになあれー!!

こ…これでいいのかな…
サッ
ハート♡

あっ、いしだ!
ハート回収して!!

わぁー

無責任に魔法をかけないでください
YUMA mama's comment

百面相

変顔を超えた無茶顔リクエスト

#変顔 #無理 #顔の筋肉が痛い #3歳1ヶ月

体温 36.6	お迎え時間：18:00
	送迎者：母

家庭での様子と連絡事項

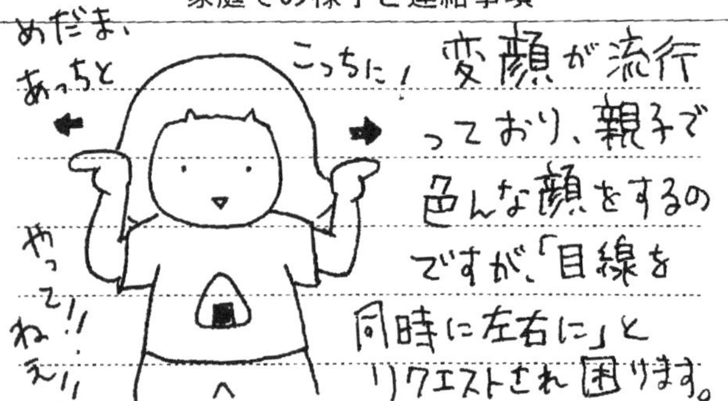

先生からのコメント
すごいリクエストですね……。ゆまさんの変顔おもしろいですよね。園でもパンツやオムツをかぶって友だちや保育者を笑わせてくれることがあります。

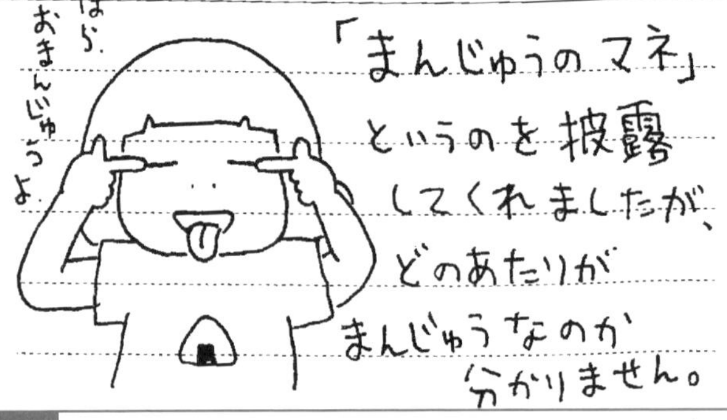

難易度の高いモノマネに果敢にトライするむすめ

#まんじゅう #マネ #うわあ似てるぅ #3歳2ヶ月

体温 36.5	お迎え時間：17:30
	送迎者：祖父祖母

家庭での様子と連絡事項

先生からのコメント
ゆまさんには、まんじゅうの顔が見えているんですね。園庭で遊具にのぼっていたゆまさんにカメラを向けると、にっこり笑顔を見せてくれましたよ！

キメ顔

保育園の集合写真も、もれなくこの顔でした

YUMA mama's comment

やりたがり

朝一番の大仕事

#やさしい #いつまでやってくれるかな #スリッパ係
#ありがとうと言われるまでもじもじ待ってる #3歳8ヶ月

体温 36.0	お迎え時間：18:00
	送迎者：母

家庭での様子と連絡事項

先生からのコメント	足が冷たそうに見えたのかな？ ホールでは○○さんと青いボールを投げ合って一緒に遊んでいました。友だちが落としたボールを拾って「はい、どうぞ」と渡す素敵な姿もありましたよ。

母の朝は「スリッパなくなっちゃった」的演技から始まります

#やさしい #いつまでやってくれるかな #スリッパ係
#仕事をとられたときの悔しがりたるや #続編 #3歳8ヶ月

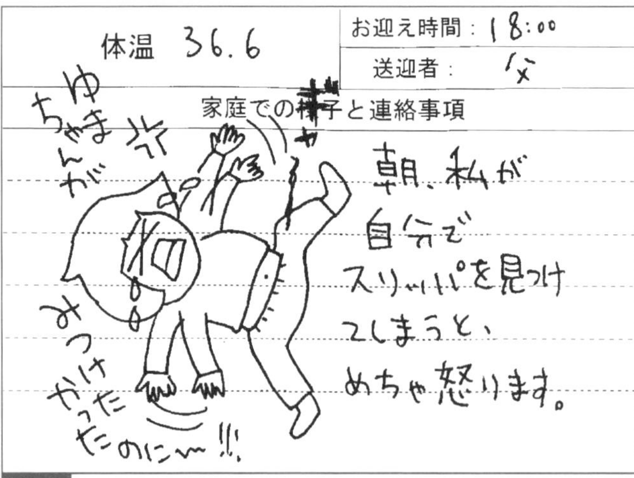

先生からのコメント	お母さんより早起きしないとですね。おままごとでは保育者が「ドーナツ食べたいな」と言うと、おもちゃのドーナツを持ってきて「ハイ、どうぞ」と渡してくれるやさしいゆまさんでした！

自分でやりたかった地雷のナゾ

ムキーーッ
ゆまちゃんが開けたかったのに!!
ヤベ、

ゆまちゃんが押したかったのに!!
ギャーー
やっちまった…

ツャーーッ
ス…スマン…
ゆまちゃんが出したかったのに!!

ママにはかせてもらいたいのに!!
ピーーッ
え…ぜんぜんわからん…

最近はめんどうなので
自分でやるかどうか聞きます
（それもめんどうだけど）

YUMA mama's comment

生き急ぐ幼児

なってない

#想像加齢　#生き急いでる　#お姉さん願望　#ゆっくりでいいです　#3歳8ヶ月

体温　37.0	お迎え時間：18:00 送迎者：母

家庭での様子と連絡事項

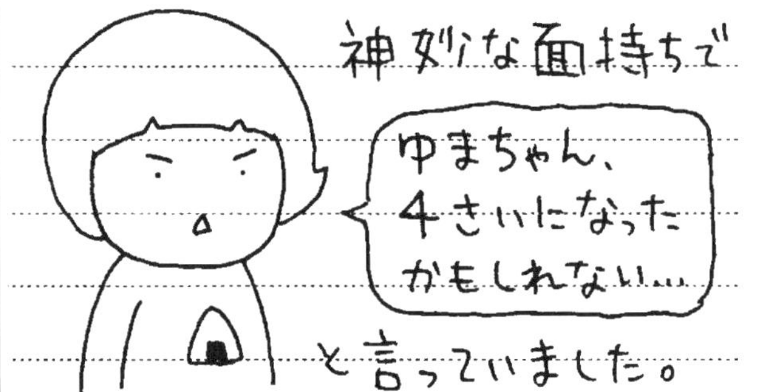

先生からのコメント
今月の誕生日会がありました。「ゆまちゃんは？」と何回も聞いてきて、主役になりたいようでした。

時空を操作しようとしている

#そう言われましても　#背伸びしたいお年頃　#まあ焦るな　#ゆっくり成長したまえ　#3歳6ヶ月

体温　36.5	お迎え時間：18:00 送迎者：父

家庭での様子と連絡事項

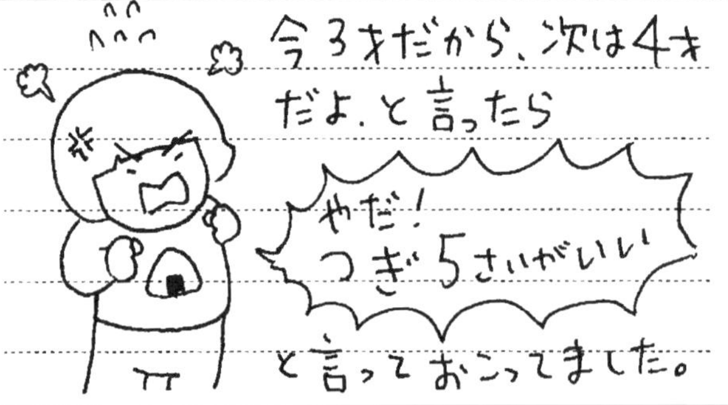

先生からのコメント
5歳に憧れているのかな？　園庭でバケツに土をいっぱい入れて遊んでいたゆまさんでしたが、幼児さんが水遊びをしているのがうらやましかったようで、じ〜っと見ていました。

3
予想外
ゆま

深刻な悩み

最近5歳へのあこがれが

5さい…

かっこいい…♡♡

加速しているゆま

保育園でひとつ上のお姉さんたちに会ったとき

えんぴつけずりかーして～!

ゆまちゃん!

いいよ～

ゆまちゃんなかなか5さいにならなくって……。

なんでだろ…

ハァ…

と相談していました(先生談)

毎日「あと何回寝たら5歳になるのか」と聞いてきます

YUMA mama's comment

取扱注意

セロハンテープってそうやって使うんですねなるほど

#セロハンテープ好き #何でも貼り付け #着信あると机ごと揺れる
#すべてが作品 #ひとり剥がすときの切なさ #3歳8ヶ月

体温 35.9	お迎え時間：17:00 送迎者：父母

家庭での様子と連絡事項

私のスマホがセロハンテープで貼り付けの刑に処されていました。

ビッタリ…

先生からのコメント

園では丸シール貼りをしました。1/3ほどできたところでなぜか裏返しにしてフリーズするゆまさん。最終的にはとても芸術的な仕上がりになりました。

ブルブルってなるの楽しいよね～！っておい！

#やめて #ゆるして #iPhone #はちゃめちゃパスコード被害者の会 #2歳10ヶ月

体温 36.4	お迎え時間：18:00 送迎者：母

家庭での様子と連絡事項

気がつくと私のiPhoneのパスコードをめちゃくちゃに押しまくっている時があります

先生からのコメント

毎日いろんなエピソードがありますね！ お医者さんごっこでは器具を挟むはさみでなぜか髪を切るマネをされました。

持ち出し禁止

ハッ…‼ わたしのケータイがない……
イヤな予感……

お風呂からモーレツにカメラ音が……‼
カシャ
カシャ
カシャカシャ
ダッ

ママ〜〜、たくさん撮れたよ!
?!

ウワーー‼
カメラロールが……
風呂上がりのダンナだらけに……‼

YUMA mama's comment

ノリノリで撮られるダンナもダンナですよ本当

ふとした日常の一コマも、
やっぱり連絡帳
さながらです。

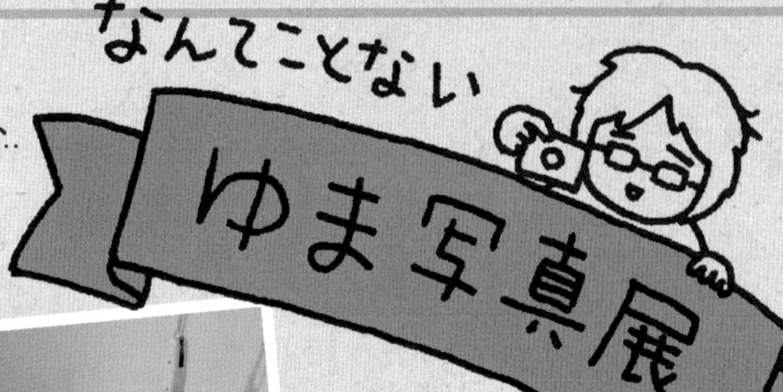

← ゆまが初めて
我が家へ
やって来たとき。
ネコたちが
新入りをのぞく図

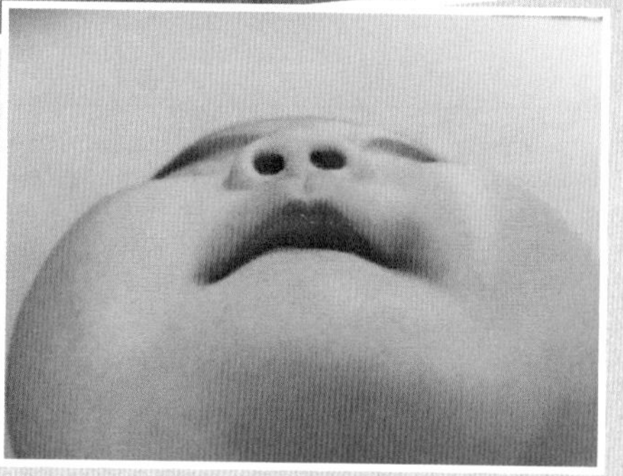

↑
顔を下から見ると
まんじゅうにしか見えなかった

ミルクを
豪快に飲む
↓

Onigiri
Yuma

赤ちゃんの頃から
リアルにおにぎり柄が
トレードマーク

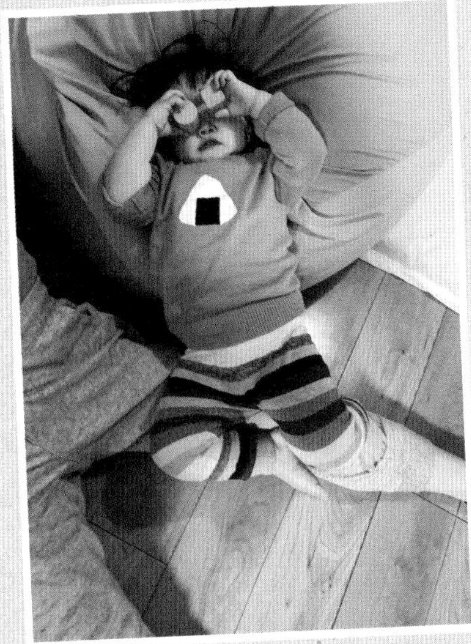

↑窓に直接
夕やけを描いて
しまった人

〈作品〉
「イモを食べる
無数のヘビたち」→

斬新！
スタイル集

ズボンの上に→
オムツを履く

体温 36.5	お迎え時間：18:00
	送迎者：母

家庭での様子と連絡事項

以前買った
ゆま用サングラスを
ひっぱり出してみたら
気に入ってしまい、
食事中も
かけていました

体温 36.4	お迎え時間：18:00
	送迎者：母

家庭での様子と連絡事項

みそ汁の中の
ワカメを
鼻の下に装着して
ヒゲにして
いました。

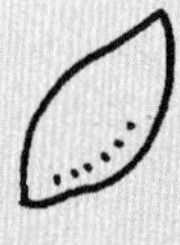

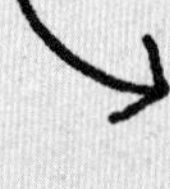

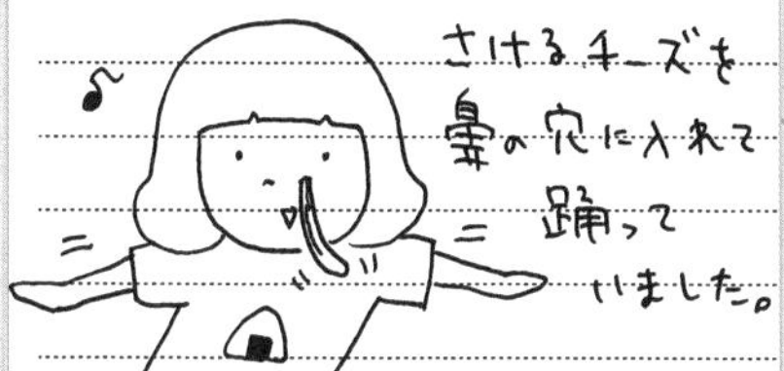
体温 36.5
お迎え時間：~~18:00~~13
送迎者：父 母
家庭での様子と連絡事項
さけるチーズを鼻の穴に入れて踊っていました。

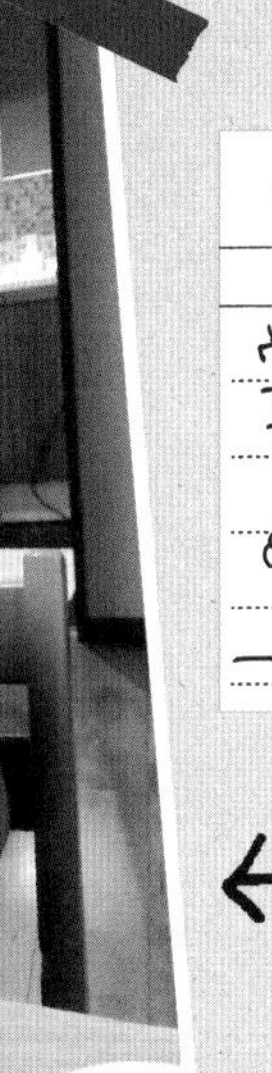

体温 36.5
お迎え時間：18：00
送迎者：母
家庭での様子と連絡事項
ウフフ…
お札のように海苔を数えます。

カシャ

体温 36.6
お迎え時間：
送迎者：
家庭での様子と連絡事項
懐中電灯で
口の中を
照らしながら
歯みがきして
いました。
体温 36.6
お迎え時間：17:30
送迎者：父
家庭での様子と連絡事項
飲食店のトイレに
入ったら、トイレット
ペーパーの柄が
かわいいので
写真を撮れ
と言われました。
カシャ
体温 36.7
お迎え時間：16:00
送迎者：母
家庭での様子と連絡事項
目と鼻の穴を
同じ大きさ
で描き
ます。
先生がた 1年間
ありがとうございました!!

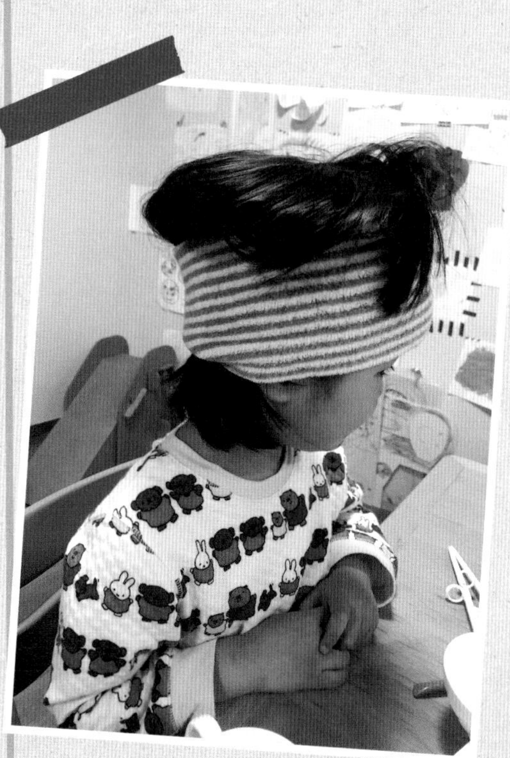

体温 36.5	お迎え時間：17：30
	送迎者：父

家庭での様子と連絡事項

納豆を食べるときは
髪の毛に付かない
ようにと自分でヘアバンド
を着けますが、その姿
まるでエリンギです。

体温 36.6	お迎え時間：
	送迎者：

家庭での様子と連絡事項

納豆が鼻の下に
くっついたのを、
「記念写真を撮れ」
と言うので、
撮りました。

長いものに目がない

吸引力のないただひとつの掃除機

#お掃除 #誰の真似だかわからんが #いいぞ
#吸引力のあるやつでおねがいします #3歳0ヶ月

体温 36.6

お迎え時間：18:00

送迎者：母

家庭での様子と連絡事項

折りたたみ傘を掃除機にして掃除にいそしんでいました。

先生からのコメント

想像力豊かですね。素敵です。日中は園庭で砂遊びをしました。長いシャベルを持って砂をすくい、「工事中で～す」とのことでした。その後はトンネルをくぐってニコニコでした。

きれい好きなのかそうじゃないのか、よくわからない

#うちわ #謎行動 #やめなはれ #ひとコマでは伝えきれなくなってきた
#流は洗の間違いです涙 #3歳3ヶ月

体温 36.5

お迎え時間：17:30

送迎者：父

家庭での様子と連絡事項

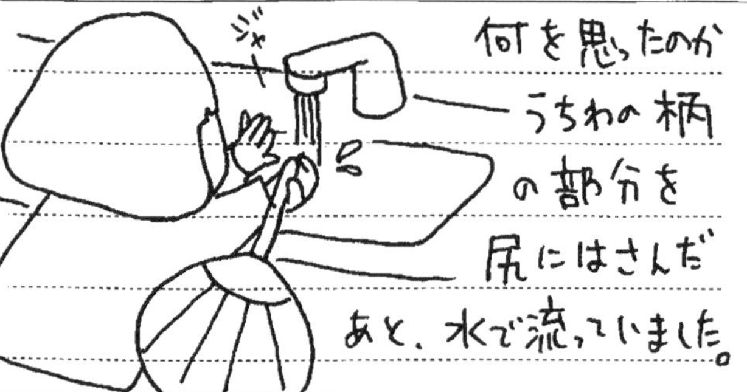

何を思ったのかうちわの柄の部分を尻にはさんだあと、水で流っていました。

先生からのコメント

公園ではどんぐりの木の下でどんぐり探し。長い木の枝で葉っぱをかきわけて探します。「これ見つけやすいよ」と私にも枝をわけてくれるやさしいゆまさんです。

傘のアイデンティティ

YUMA mama's comment

傘の存在意義をすがすがしく無視していました

ファッションセンス

見ようによっちゃモード系

#プチプチ　#オムツ一丁　#宅配のおじさんにも見せてた　#3歳3ヶ月

体温　36.5	お迎え時間：18:00 送迎者：母

家庭での様子と連絡事項

プチプチを身にまとってポーズを決めていました。

先生からのコメント
前衛的な洋服ですね。朝から水着の帽子をかぶり、おやつやトイレの際もずっとかぶっていたゆまさん。水着に着替えたら逆に帽子を勢いよく脱ぎ捨てていました。

ちょっとモードっぽかった

#自分で着たい　#惜しい　#逆さま　#それでもボタンを閉めると諦めないむすめ　#3歳7ヶ月

体温　36.5	お迎え時間：18:00 送迎者：母

家庭での様子と連絡事項

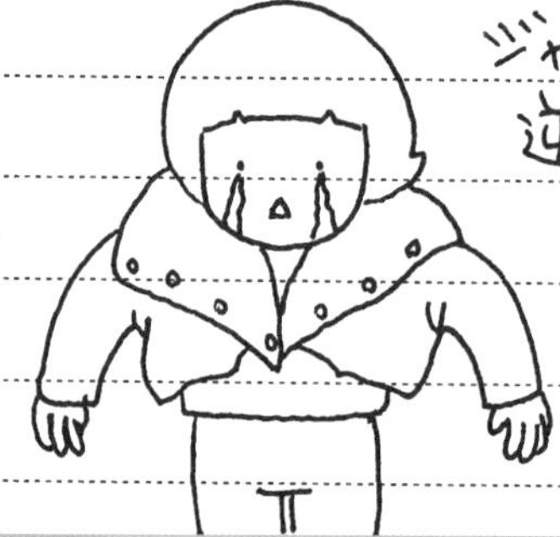

ジャケットの上下を逆さまに着てしまい、身動きがとれなくなっていました。

先生からのコメント
この時期のあるあるですよね！ お着替えのときは下の洋服を腕に、上の洋服を足に通し、ダンスしたり、上の洋服の袖を象の鼻に見立てて「パオーン」と言ってきたり、ゆかいなゆまさんです。

感想

おニュ～の赤いワンピース着よう
ウフフ…

ゆま～見て見て
どう?!

わぁ～なんか、
しゅっごい
(すっごい)

あかしゅぎじゃない?

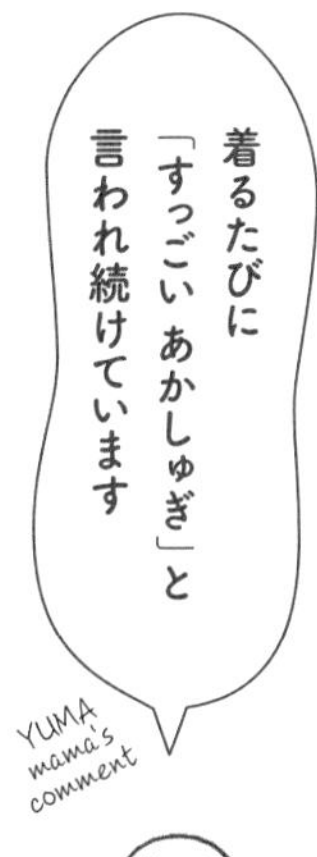

YUMA mama's comment

何かしらの黄色いものを食べそこねた娘

#夢 #残念 #黄色いのとはなんだったんだろう #とうもろこしか #3歳1ヶ月

体温 36.5	お迎え時間：18:00
	送迎者：父

家庭での様子と連絡事項

夢の中でなにか食べそこねたみたいです。

きいろいの!!

ギョエ!!

たべたかったのに!!

先生からのコメント

昨日のとうもろこしがおいしかったのかな……？ 黄色いの気になりますね。給食のごはんは1粒残らずきれいにして「ぴっかり〜ん」と見せてくれましたよ。

チョコへの執念

#なぜそこに付いた #顔に付いた食べ物は舌で回収 #チョコ好き #チョコはほどほどに #3歳7ヶ月

体温 36.6	お迎え時間：18:00
	送迎者：母

家庭での様子と連絡事項

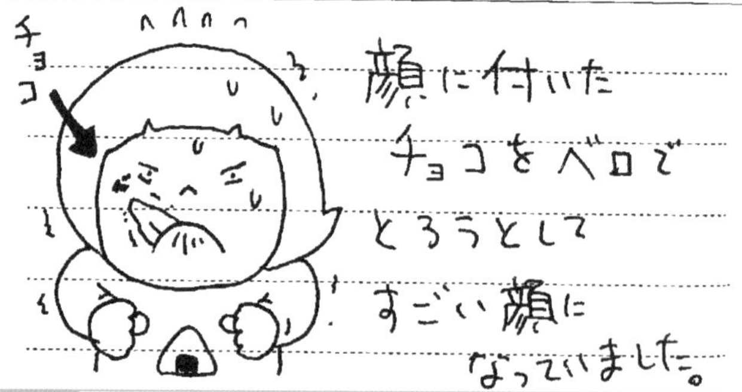

先生からのコメント

ネコみたいにきれいにしようと思ったのですかね。園庭ではケーキやたい焼きをたくさんごちそうしてくれたゆまさん。でも、食べたようにたい焼きを壊すとすごく怒られてしまいました。

矛盾

その後「ゴハンあと3口と、お味噌汁を飲む」までを課してチョコアイスをあげました

YUMA mama's comment

進まないお着替え

すべての2歳児は霊長類最強だと思う

#着替え #毎回真剣勝負 #だいたい負ける #レスリング並み #頼むから着てくれ #2歳9ヶ月

体温 36.4	お迎え時間：18:00 送迎者：母

家庭での様子と連絡事項

先生からのコメント

ドキドキが漂う瞬間ですね……！ 朝から「おねえさんパンツなの♡」とルンルンのゆまさん。トイレにも自分から行くことができましたよ。

急に定食屋のおばちゃん

#風邪治りました #お店やさん #三角巾的 #また風邪ひくやん #3歳5ヶ月

体温 36.7	お迎え時間：18:00 送迎者：父

家庭での様子と連絡事項

まっ？…

ハ〜イ!! おみせやさんでしゅ！

サー

服が頭にひっかかって脱げない状態を、なぜか「お店やさん」と呼び楽しみます。

先生からのコメント

保育室で遊んだ際、「ゆまちゃんカーテン屋さんね！」と言っていたので「カーテンください」と言うと、出てきたのはドーナツでした。

ツッコミ待ち

自分で着がえてね
ハーイ

ママー、おズボンはけたよー
オッケー

じ〜〜
……。

えっ…もしかして…
ワクワク
ツッコミ待ち…?!

「それ、上に着るやつでないかーい！」で正解です

YUMA mama's comment

怒りポイント

領収書を渡したら泣き止んだ

#GW #新幹線 #領収書もきっぷだと思ってる #よかった
#祖父母の家に遊びに行きました #2歳10ヶ月

体温　36.4	お迎え時間：18:00
	送迎者：父

家庭での様子と連絡事項

GWに新幹線に乗ったのですが、きっぷが自動改札に吸い込まれて戻って来ないと言って怒って泣いていました。

先生からのコメント

乗るときにはきっぷが出てきたので「えっ!?」と思ったのですね。その後は機嫌も戻って、お出かけを楽しめましたか？

シフト表作っておいてほしい

#歯磨き #ママがやるか #パパがやるか #自分でやるか #いいから磨こうか
#3歳5ヶ月

体温　36.5	お迎え時間：18:00
	送迎者：母

家庭での様子と連絡事項

歯みがき担当にうるさいです。

先生からのコメント

担当があるのですね。園庭で追いかけっこをしているとゆまさんも参加！追いかけようとすると「やだ！やめてよ！」と怒られてしまいました。追いかけたい派のようです。

ネコの毛

宇宙一めんどくさい生き物、それは幼児

YUMA mama's comment

気づけば全裸

ザ・脱力

#おむつ #足を出すところから顔を出す #履きなと言ったらかぶりやがった
#物ボケ #こうなったらしばらく操作不能 #3歳8ヶ月

体温 35.9	お迎え時間：18:00 送迎者：父

家庭での様子と連絡事項

先生からのコメント

ひょうきんなゆまさんですね。今日も着替えを1人でやり切ると、脱いだ服の裏返しも「こうやるんだよ」と直します。その後ズボンに腕を通し、おもしろい格好を見せてくれました。

突如モチに取り憑かれる

#尻 #肩車 #覚悟して床に座る #いつか首やられそう
#全裸が当然すぎて全裸ということに触れない #3歳2ヶ月

体温 36.4	お迎え時間：18:00 送迎者：母

家庭での様子と連絡事項

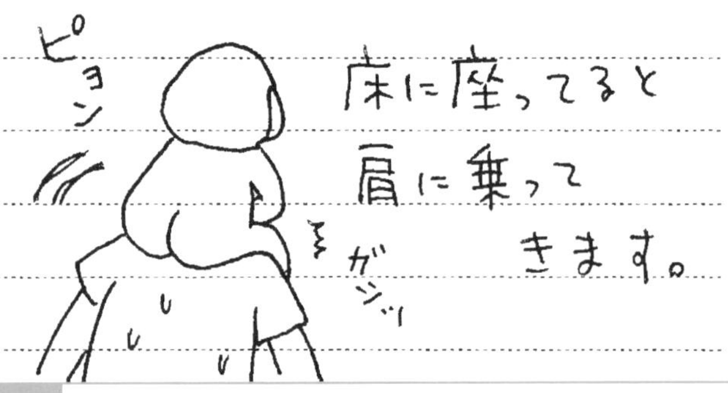

先生からのコメント

最近お着換えのときにはパンツをかぶり、パンツ仮面に扮するゆまさん。保育者が思わず笑ってしまうと、ニヤリとサービス精神旺盛です。

脱ぎがち

いいお湯だったねー

ごはん用意する

着がえ置いといたから着てね!!

おまたせ

ごはんできたよー座って〜

スッ…

なぜまだ全裸

当然のように裸で食卓についたので魂が抜けました

YUMA mama's comment

こだわり

気分で選ぶ、今日のタオル

#こだわり #風呂上がり #目当ての柄が洗濯中のときの駄々こねたるや
#どれでもいいから体拭こう #風邪ひくで #3歳4ヶ月

体温 36.5	お迎え時間：18:00
	送迎者：父

家庭での様子と連絡事項

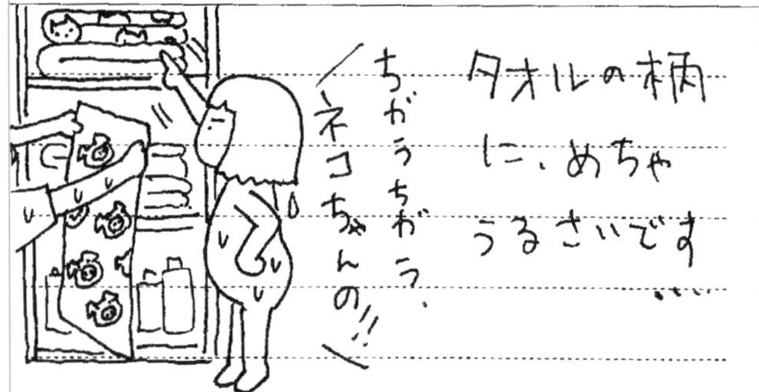

先生からのコメント

ユニークな柄がたくさんあるんですね。昼食後、エプロンとタオルをきれいに巻くゆまさん。「できた？」と聞くとじっくり眺めて「うん！」と言い、食べるマネ。のり巻きだったようです！

コンビニのレジ待ちで嗜まないでいただきたい

#足跡マーク #重ねる快感 #しばらく動かない
#これ子どもはみんなそうなんですかね #2歳9ヶ月

体温 36.5	お迎え時間：18:00
	送迎者：父

家庭での様子と連絡事項

街のいたるところにある足跡マーク に足を重ねることを嗜みのひとつとしています。

先生からのコメント

砂場で何度かチョコアイスを振る舞ってくれました。「おいしそうなアイスだね～」と言うと「ちがう！ 冷たいアイスなの！」と"冷たい"ことにとてもこだわっていました。

記念写真撮りたがり

ママ撮ってー!!
たまたまハートみたいになった食べかけのラムネ
パシャ
えっ…それ?

撮って…
パシャ
鼻の下に納豆が付いた

撮って
かわいー
パシャ
花柄のトイレットペーパー

ゆまに撮られたナゾの写真でカメラロールがいっぱいです
フタに付いたヨーグルトがうさぎみたいの図
バナナにかけたチョコがハート型みたいの図

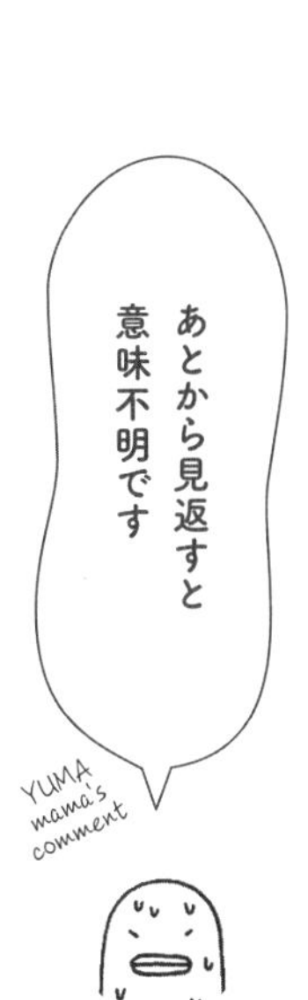

ゆま語録

なかなか本題に入らない

#あのしゃー #一生懸命 #にやにやしながらじっと待つ親 #着信音にしたい
#3歳8ヶ月

体温 35.8	お迎え時間：18:00
	送迎者：母

家庭での様子と連絡事項

ねーママー、あのしゃー、あのしゃ、
あのしゃあ、あのしゃ…
あの…
あのしゃ ヘヘヘヘヘへ
あのしゃー、あのしゃ…、あのしゃあ、
あのしゃー、あの

言いたいコトがまとまるまで、「あのしゃ(あのさ)」を連発します。

先生からのコメント
園でも言っています！「ゆまちゃんね……」も言っていて、ワクワクしながら話そうとする姿がかわいいですよね。

ノーさんくつ！

#単位がくつ #その発想はなかった #一瞬何のことだかわからなかった
#なるほどですね #3歳7ヶ月

体温 36.5	お迎え時間：17:00
	送迎者：母

家庭での様子と連絡事項

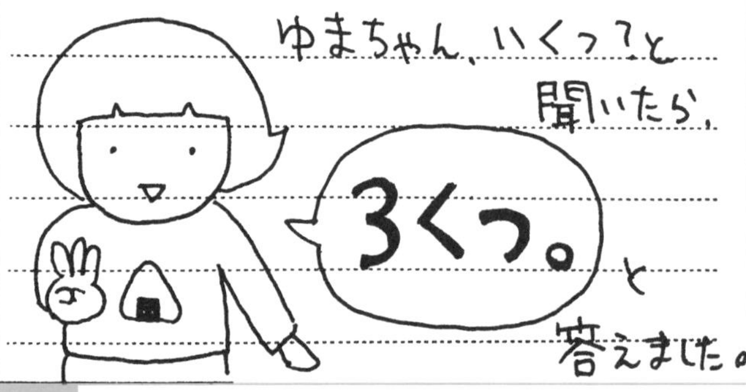

先生からのコメント
今日、ゆまさんから唐突に「にんじんなの？」と聞かれました。何がにんじんなのか気になって眠れそうにありません。

難解すぎるゆま語

まあるくて、ちょっとさんかくで「ひと」なの
な〜んだ?!
まあるくて…さんかく…
?
?
モンモンモン
でも人…!!
え〜…
う〜む
!
わかった…雪だる
ブブー!!!
せいかいは…「じいじ」でした〜!!
ざんねん!
絶対わかんね
バタッ

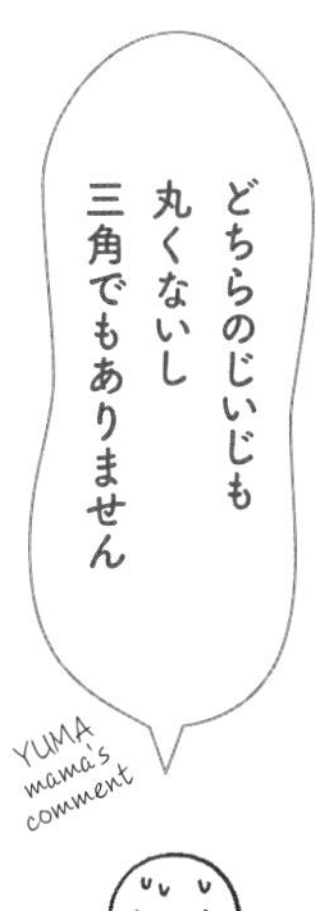

どちらのじいじも
丸くないし
三角でもありません
YUMA mama's comment

フォロワーさんに聞いてみた!

育児のおもしろエピソード①

私のインスタグラムのフォロワーさんから寄せられた子育てエピソードをご紹介!
爆笑&ほっこり&あるあるなネタ満載。育児疲れを癒やしてください。

アメリカ人だったっけ?

息子が5歳のとき、突然登園バッグを持って玄関に向かい、「オレ、アメリカ人だからアメリカにかえるっ!!」と言って出て行きそうになりました。それを見た3歳の妹は泣きべそかきながら止めていました。それから、息子にジョージというミドルネームがついたのです。
(りりのすけ さん・41)

新しい顔だよ!

イヤイヤ期の娘ですが、ある日私が疲れて力尽きていると、「ママ! 新しい顔だよ!!」と言っておもちゃのアンパ●マンの顔を投げてきました。思いっきり頭に当たりましたが、顔も変わらず、元気100倍にもならず……。「おかしいなぁ??」と言って落ちた顔を拾ってどこかに行ってしまいました!(こなつ さん・33)

お手伝いしないほうがはかどる説

料理中にお手伝いをしたがる年頃になった娘。うちではえのきや舞茸などのキノコを割いてもらっていました。それはそれは真剣に1本ずつバラしてくれるので、時間稼ぎにもってこいでした! 終わる頃にヘナっとするんですけどね。
(ひばりっ子 さん・42)

小さい声でもダメ

お風呂上がりに娘(3歳)の体を拭きながら「お尻小さいね」と言うと、娘に「ママ、お尻おっきい!」と逆に言われてしまいました。私が「うるさ〜い」とツッコミを入れると、小さいひそひそ声で「ママ、お尻おっきい〜」と再度言われてしまいました。
(高尾山 さん・34)

お尻もみもみ

うちの娘はお尻をもまれるのが好きで、こちらにお尻を向けて「お尻もみもみしてー」と言ってきます。もんであげると「きもちいー」と言います。
（すいれん さん・38）

残酷なつぶやき

戦隊ヒーローのベルトを私のウエストに巻きつけて、「あともう少しなんだけどな……（ウエストが太くてつけられない）」と我が家の5歳児につぶやかれました。
（あちゃん さん・37）

感情表現が豊か……？

もうすぐ2歳になる娘。大好きな「アン●ンマン」という言葉で感情を表現します。悲しいときは低いトーンで「アン●ンマン……」、うれしいときは明るく「アン●ンマン！」、最高潮のときは「アーン●ーンチ！」などで気持ちを伝えてくれるのですが、親は何度も聞きすぎてアン●ンマンに軽く拒絶反応がおきます。
（うっちゃん さん・26）

覚えたての漢字

息子が4歳の頃、漢字をよく覚えていました。ある日、コンビニの前で突然大粒の涙をこぼし、「年中さんになりたくない」と訴えます。「幼稚園の慣れない環境でストレスを感じているのか？クラス替えが寂しいのか？」と瞬時に考えていると、息子が指差した先には「年中無休」の文字……。年中さんになったら休めなくなると悩んだ末の涙でした。（よっしー さん・49）

「今日あたち絶望した」

ある日、幼稚園から帰ってきた3歳の娘が「ママ、今日あたち絶望した」と言うのです。最近、幼稚園でお友だちとケンカしたとか先生に注意されたと聞いていたので、とうとう自分に嫌気がさしたのかと思っていると、「今日ね、絶望したんよ。難しかった。こうやってくるっと回ってね……絶望って難しいね」と。「いや、それ鉄棒じゃん！」一瞬、娘のことをかなり心配した話です。

（まゆめ さん・34）

パンを焼く人はみんな同じ

新しくオープンしたパン屋さんに行ったときのことです。お店に入るなり「ジ●ムおじさーん!!!」と叫んだ2歳児。店内爆笑でした。

（パンダ さん・46）

手の上で転がされる

ある日の登園前、テレビを見ながら急に「保育園行きたくない……」と悲しそうにつぶやく3歳の息子。理由を聞くと、「ママが大好きだから、一緒にいたいの」と。かわいすぎてその日だけお休みさせました。夕方、夫に朝の話を聞かせようと「今日、なんで保育園行きたくなかったんだっけ？」と息子に聞くと、「アン●ンマンの続きがみたかったんだよ！」と本音を暴露していました。（やぶはる さん・31）

パパのパンツを確認

娘が2～3歳の頃だったと思いますが、パパのうしろからパンツをのぞき込み、「うんち出た？」とパパのパンツの中身を確認していました。自分が同じことをされていたので、パパのも確認したんだと思います。

（るちゃ さん・36）

「うんこくさいですねー」

3歳の娘がなぜか「うんこくさい」という言葉にハマってしまい、ある日保育園のお迎えに行ったら知らない保護者の方に「うんこくさいですねー」と話しかけていて、寿命が3年縮まりました。

（ひまりママ さん・30）

初めてお話しした文章が……

言葉を話すのに時間のかかった娘。初めて文章らしい発言をしたのが、「おかあさんのパンツ、おっちいね（大きいね）」でした。お風呂に入る前の脱衣所で。娘ももう20歳になりますが、うれしくて今も忘れられない言葉です。いろいろ思うことはあるにせよ。（うずたん さん・52）

長い髪と古い髪

3歳になったばかりの孫がひとりでお泊りした夜。一緒にお風呂に入って、シャンプーしながら「ひーちゃんの髪は長いねぇ」と言うと、「ばあばの髪は古いねぇ」と。た、たしかに、おばあちゃんの髪は古くて（？）くせ毛だけど……。

（ななちゃん さん・64）

美しい光景の中に

私が数年ぶりに飲みすぎてお昼くらいまで寝ていたとき。ふっと目を開けると、ベランダの窓の障子をペリペリと静かにめくっている当時1歳4ヶ月の娘の姿が見えました。「あーやられた」と同時に「私を起こさないように静かに遊んでくれていたんだ」と見ていると、娘が突然ビクっとして振り返り、私の顔を見て（明らかにやばいことをしたと気づいた感じで）にっこり。日の光で後光が差した娘の姿が神様のように見えた、久しぶりの二日酔いの朝でした。

（ゆさまま さん・49）

一番おいしかったのは

夕飯後「ごちそうさまでした!!　おかあちゃん、ごはんつくってくれて、ありがとー!」と娘（3歳）。「どういたしまして。いっぱい食べてくれてありがとう（涙）」と言うと、「うん!　おかあちゃん、しろいごはんがいちばんおいしかったよ!!」とのこと。おかあちゃん、がんばります。

（しろくまあずき さん・44）

Chapter 3

予想外
ゆま

Yosougai Yuma

01

なんやねん

理不尽

#なんやねん　#だっこもされたいが　#自由にもなりたい　#複雑なお年頃
#3歳8ヶ月

体温　36.7	お迎え時間：18:00
	送迎者：父

家庭での様子と連絡事項

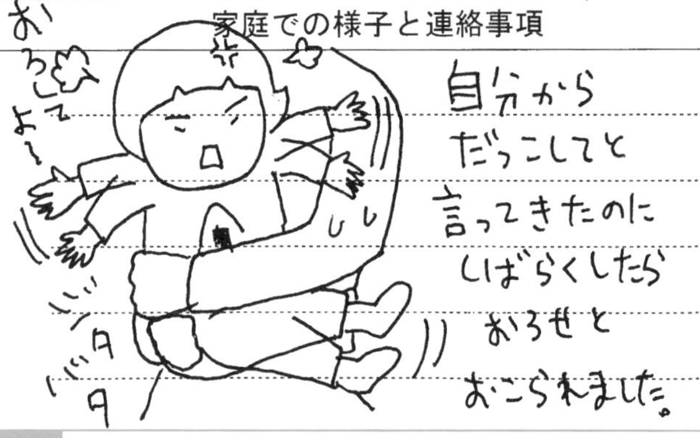

先生からのコメント　あまのじゃくでかわいいですね。泥遊びでも「おっきいの作ってよ」と言うので大きな泥だんごを作ると、「重いねぇ」とすぐに落としてしまい、「もう1つ作って」とたのまれました。

急にやめたので、ネコが「あら？」って顔してた

#猫　#ネコ　#しっぽの付け根をたたくと喜ぶのは万猫共通　#やさしい
#たたいていいものいけないもの　#3歳4ヶ月

体温　36.5	お迎え時間：18:00
	送迎者：母

家庭での様子と連絡事項

先生からのコメント　ネコが大好きだからこそ大切なんですね。今日のプールではゆまさんに水をかけられたのでかけ返してみると、怒って別の保育士に「あの人にかけられた」と訴えていました。

どっちやねん

YUMA mama's comment

光の速さで持ち場へ戻りました

ポジティブ詩人

#蚊に刺されあと　#ひざにぼんやり浮かぶ雲　#きれい　#ではない　#3歳2ヶ月

体温　36.5	お迎え時間：18:00 送迎者：祖母・父

家庭での様子と連絡事項

先生からのコメント
蚊に刺されたあとがロマンチックですね。園庭でもたくさんの落ち葉をお皿にのせて、宙にフワッと舞わせて「いっぱいだねぇ」と楽しんでいましたよ。

養鶏場のおじさんか

#たまご　#ツルツルきれい　#しみじみ　#ほのぼの　#最近食べ物ネタ多い気がする
#3歳5ヶ月

体温　36.6	お迎え時間：18:00 送迎者：母

家庭での様子と連絡事項

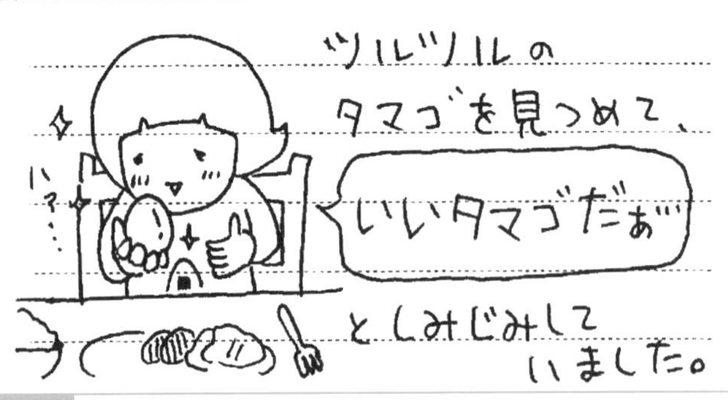

先生からのコメント
見たあとはおいしくいただいたのかな？ 泥遊びでは「ついちゃったよ」と手の汚れを見せてくれます。グーを作ってパラパラと泥を落とし、「雨みたいだね」と言っていました。

ゆま的わびさび

一度、もういいか…と思って料理に使ったら怒られ、2代目を生けました

YUMA mama's comment

ゆま 破天荒
ゆま 前衛的
ゆま 予想外

幼児らしからぬ

おじさん

#おしぼり #やめなはれ #やりたくなる気持ちはわかる
#しかし食事のあと口の周りについたものは拭かない #3歳7ヶ月

体温 36.6	お迎え時間：18:00
	送迎者：父

家庭での様子と連絡事項

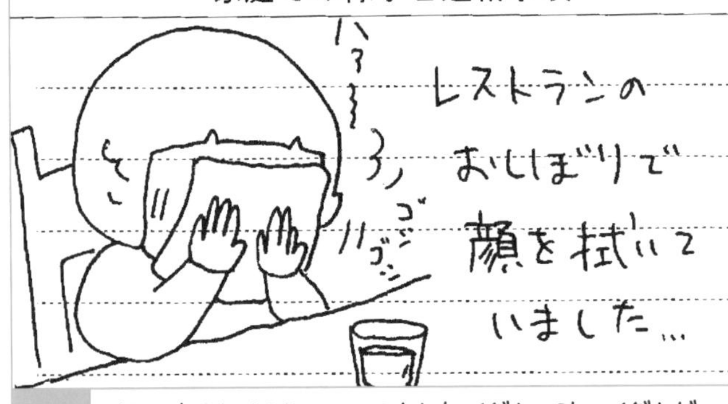

先生からのコメント

まるで小さなサラリーマンですね！ メダカの池にメダカがいないとお友だちが騒いでいた際にも、「さかな、寒いから休みじゃない？」と冷静に分析していました。

何を言っても「ズコーッ！」と返されるので、全然おもしろくないコントみたいになる

#コケ芸 #ズコーッ #なんでやねん #3歳8ヶ月

体温 36.2	お迎え時間：18:00
	送迎者：父

家庭での様子と連絡事項

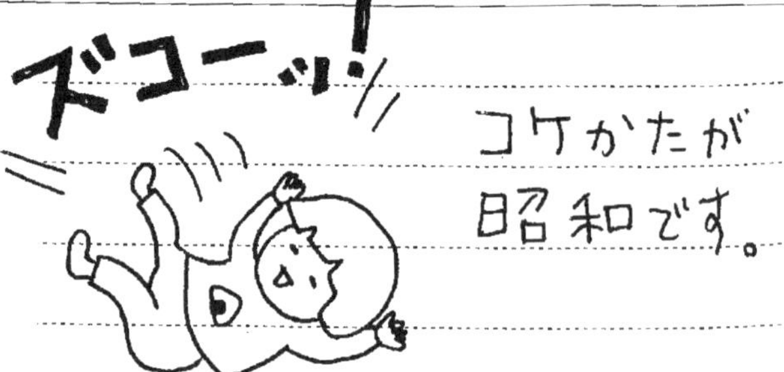

先生からのコメント

ノリのいい関西人のようですね。おままごとでは「はい、どーぞ。スタンメートルよ」と、未知の食べ物を出してくれます。おかわりすると「はい、スターンポーです」と名前が変わっていました。

3 予想外 ゆま

憑依

オッサンというか、おじいさんですね、このセリフは…どこで覚えたんだか……

YUMA mama's comment

なん……だと……?!

#しくしく #ショック #汚くないわい #でもうれしそうだったから許す #2歳9ヶ月

体温 36.5	お迎え時間：18:00 送迎者：母
家庭での様子と連絡事項	

先生からのコメント	
	今日は少しテンションが落ちていたゆまさん。「どうしたの？」と聞くと「うんち」と言ってたくさん出ました。スッキリすると「ゆまちゃんこれやりたい」と教えてくれましたよ。

限りなく近くでじろじろ見たい母と困る娘

#ちかしゅぎ注意 #部品ひとつひとつを観察したい #細胞ひとつひとつを愛でたい #邪魔らしい #3歳1ヶ月

体温 36.5	お迎え時間：18:00 送迎者：母
家庭での様子と連絡事項	

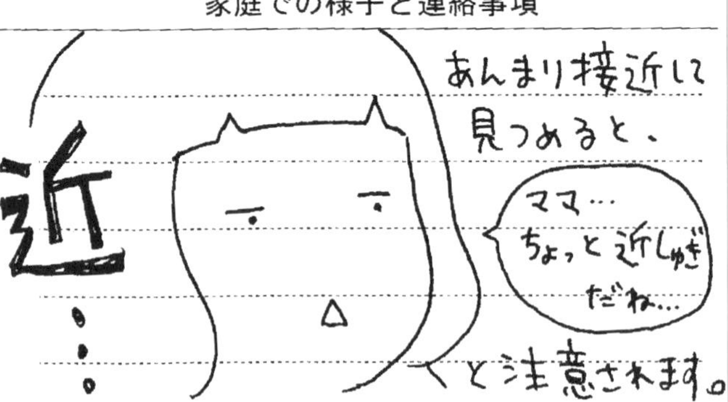

先生からのコメント	
	ボソッと冷静に言うのは園でもあります。でも的確ですよね。今日は泣いたり咳のマネをしていて「どうしたの？」と聞くと「さびしいの」と。しばらく保育者のひざの上で過ごしました。

オヤスミ~
天使…
ママ、だいすきよ!
おやすみ…

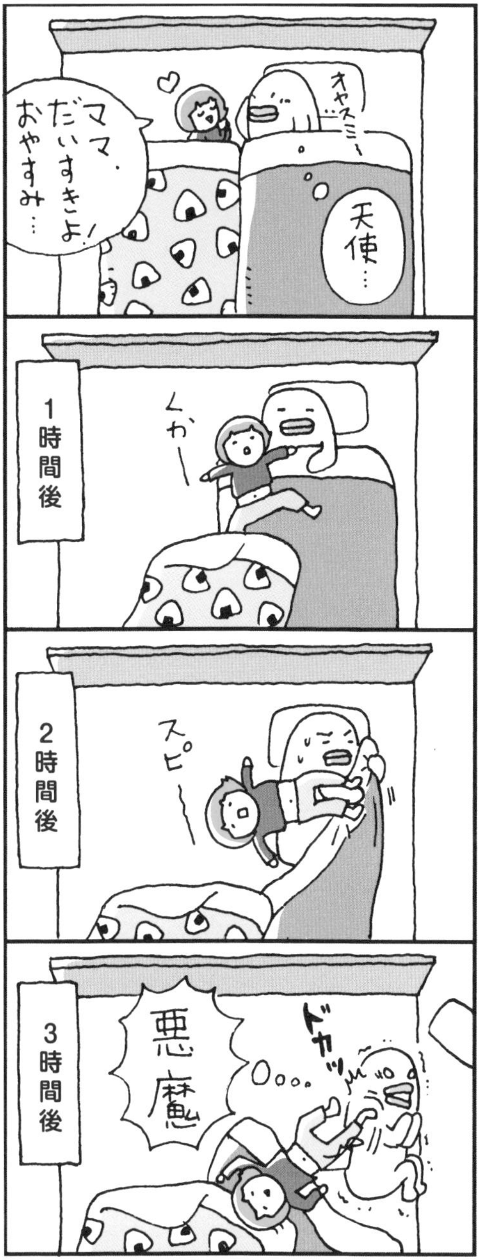

1時間後
ムカー

2時間後
スピー

3時間後
悪魔
ドカッ
Oooo

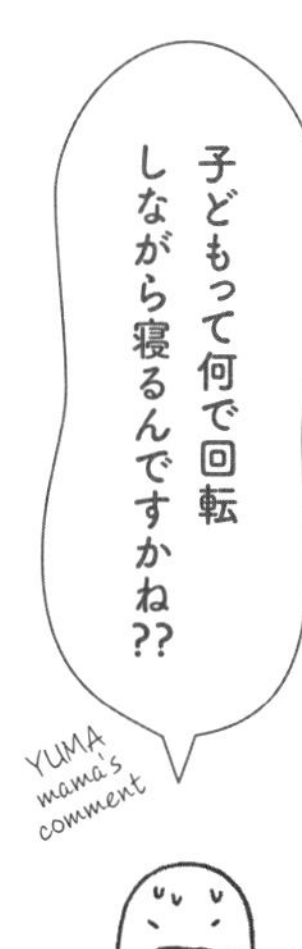

パパが心配

風はメガネ泥棒

#風 #台風のとき怖いのは #カミナリと #パパのメガネが飛ばされること #飛ばされたことは一度もありません #3歳3ヶ月

体温 36.5	お迎え時間：18:00
	送迎者：祖母・父・祖父

家庭での様子と連絡事項

先生からのコメント

大人ではなかなか思いつかない発想ですね。今朝はパパと離れがたくて泣いていましたが、保育者に抱っこされ、しばらくすると落ち着いていましたよ。

ずっと飴を味わっていると思われている父

#どんだけおいしい飴だい #のどぼとけ #一生飲み込めない飴 #3歳9ヶ月

体温 36.6	お迎え時間：17:00
	送迎者：母

家庭での様子と連絡事項

先生からのコメント

心配する姿にキュンとしました。「パパはお金をいっぱいもってるの。大きいお家ももってるよ」と話をするゆまさん。「いいな〜」と言うと「ジュース買ってもらいなよ！」と言われました。

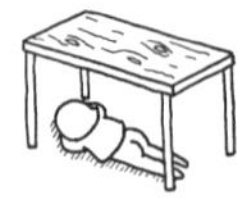

同類

母娘でおでかけ。

ねぇ、

きょうはパパおるすばん？

そうだよ

ふ〜ん…

さみしいのかな…？

じゃあ、ママ、きょうはゆまちゃんだけでラクだね!!

まぁな。

パパの同類感

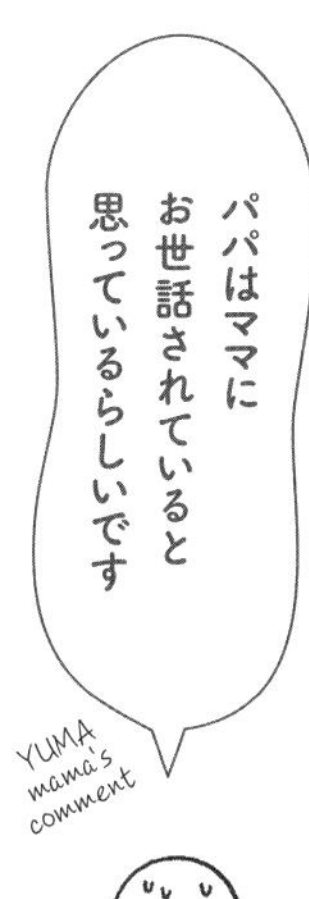

ちなみに、まだ乗ったことはないそうです

#反抗期 #飛行機 #確かに似てる
#最近ハマってるアニメに出てきた言葉を覚えてしまったらしい #3歳4ヶ月

体温 36.5	お迎え時間：18:00
	送迎者：母

家庭での様子と連絡事項

ゆまいわく、

「はんこうき（反抗期）」は「ひこうき」のなかまだよ！

らしいです。

先生からのコメント

その飛行機はどこに飛行するんでしょう？ 砂場で遊んでいたときのこと。泥だんごを2つ重ねてだるまにすると、ゆまさんが「顔どうする？ 石でどう？」とアイデアをくれました。

痒いときも助けてくれる救急車

#その発想はなかった #さすが救急車 #確かにちょっと気持ちいい #3歳3ヶ月

体温 36.5	お迎え時間：18:00
	送迎者：母

家庭での様子と連絡事項

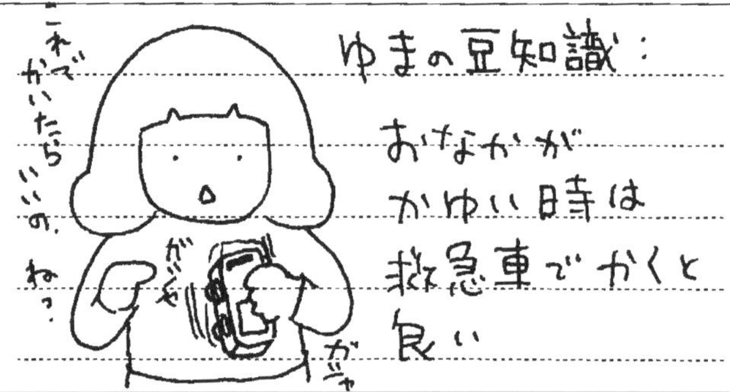

先生からのコメント

救急車がないときは何で代用すれば……。園庭では三輪車を相棒にいろんなポイントを周るゆまさん。サンゴがあるところを見つけると「見てごらん、ほねあるから……」と神妙な面持ちで話しかけてくれました。

突然の訓示

ツカレタ～
ハイ、寝るよ オヤスミ！
オヤスミ～
ママ……
ん？
ドキドキドキ
ゆまちゃん、ママに…
話したいことがある
ギュッ
えっ！ 何何？！…
ゆまちゃん…… おおがたゆうぐが好き
知ってた

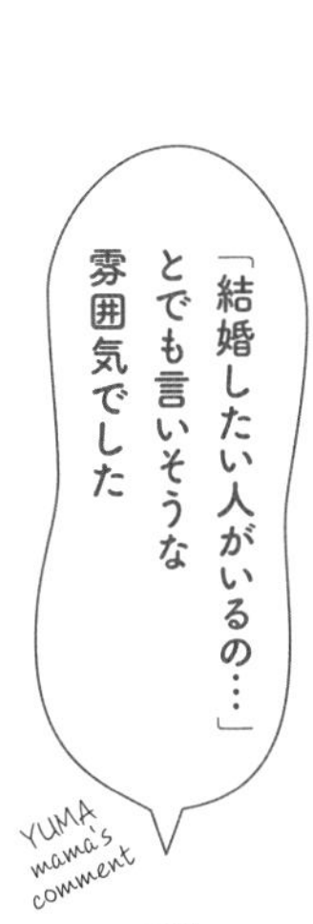
「結婚したい人がいるの…」とでも言いそうな雰囲気でした
YUMA mama's comment

Yosougai Yuma

07

そう来るか

怖いんですけど!

#えっマジ逃げなくちゃ #ヒーローものの影響か #ヒーローのことをシュワッチと呼びます #正義感強め #3歳4ヶ月

体温 36.7	お迎え時間：18:00
	送迎者：父

家庭での様子と連絡事項

食事中おもむろに

「このまちのそんぞくは…ない!!」

と言い放ったのですが一体何だったのでしょうか

先生からのコメント

預言者ですかね!? 給食ではパンを持って「すごい……」とゆまさん。「何がすごいの?」と聞くと「いっぱいすごいんだよ」と何がすごいかわからないままでした……。気になります。

すてきなプレゼント

#ゆまからわたしへ #そしてわたしから旦那へ #この流れなに #無事にゴミ箱へ到着しました #3歳9ヶ月

体温 36.4	お迎え時間：17:00
	送迎者：母

家庭での様子と連絡事項

「ハイッ、どーじょ!! パパにあげてっ。」

ねっ!

←口を拭いたティッシュ

あたかもプレゼントのように人にゴミをあげます。

先生からのコメント

園でもあります(笑)。子どもはお願い上手ですよね。今朝おうちでの様子を伺ったのと同じように、給食を「食べさせて」と甘えてくるゆまさんでした。

恐怖体験

YUMA mama's comment

デカいハナクソだったので、
それはそれで
ビビりました

フォロワーさんに聞いてみた！

育児のおもしろエピソード②

私のインスタグラムのフォロワーさんから寄せられた子育てエピソードをご紹介！　幼児の不思議な行動・言動に日々ツッコミながら過ごすママパパ必見です。

「おのし」の聞き間違い

言い間違い、聞き間違いの多い娘。年末にお年賀の品を購入しようとレジで支払い中、店員さんが「お熨斗（のし）大丈夫ですか？」と言うと、娘が「おぬし？　おぬし大丈夫ですか？」と、勝手に聞き間違えて爆笑していました。

（なるなる さん・49）

ご機嫌な歌の歌詞

娘が仲よしの近所のお友だちの家で遊び、帰ってくる姿がキッチンから見えました。ご機嫌で歌いながら「ジングルベール♫　ジングルベール♫　すったもんだベー♫　おっぱさーん☘☆%€$÷>　ヘイッ！」と。外にお迎えに出るのを一瞬ためらいました。（かなしゅん さん・51）

初めての言葉？

1歳10ヶ月の息子の発語がなかなかなくて悩んでいたのですが、ある日急に「Wow wow Yeah Yeah」と言うようになりました。なぜ……？

（せいちゃんママ さん・33）

大きくなったら何になりたい?

3歳の娘に大きくなったら何になりたいか聞いたところ、「さんたさんになるんだ!」とのこと。「なんで?」と聞くと「さんたさんになって、かかと、ととにぷぜれんとあげたいから!」って。泣けてきます。(かっか さん・38)

激しい寝方

うちの2歳男児は、寝るときに必ず私の服に足を入れてきます。それが首元から両足を突っ込むので、母のパジャマは全部首ダルダルです。
(つむゆい母 さん・37)

ママより怖いもの

保育園で節分行事をする日の朝、長男が「ママより怖いものないから弟を鬼から守ってあげる」と自信満々に言っていました。でもお迎えに行くと、保育士さんから「弟くんのうしろで大泣きして『助けてー!』と叫んでおもらししちゃいました」と報告をもらいました。「ママより怖かったんだもん」と長男。私はそんなに普段怖いんですかね(苦笑)。
(四児かぁーさん さん・30)

子どものポケットは要注意

次女がまだ3歳くらいのとき、ストーンコレクターでした。外の石を拾ってきては溜めていて、石の入れ替えもあり「これ元気ない」と言ってお外に返してくることもありました。ズボンのポケットに石が入っているのを気づかず洗濯したことも多々。たまにカエルが入っていたことも。
(ユマコママ さん・42)

スーパーで号令

4歳の娘は保育園で何でも吸収してきます。「私が1、2、3、4って言ったらママは5、6、7、8って言ってね」と、運動のときの号令をやらされます。スーパーで突然に。ちょっと付き合って小さい声で言ったら「もっと大きな声で〜!」と注意されました。
(ゆいまま さん・41)

「サナギやってよー」

娘が２歳の頃のことです。お風呂で体を洗いながら「おかあちゃん、サナギやってー」と娘。相変わらず無茶振りだなと思いながら、渾身のサナギの真似をしてみました。でも、「ねぇサナギやってよー」とお気に召さない様子。別のサナギをやってみると、「おかーちゃん！ サナギ、あ、シアゲだった！ 仕上げやってよぉ」とのこと。……丁寧に仕上げ洗いさせていただきました。サナギの時間返せー！（しろくまあずき さん・40）

甘―――い！

普段から音楽や踊りが好きで、「かわいいね」を連発するなど、ラテン系な３歳息子。ある日、ハート型の甘いクッキーを胸に当てながらやってきて、「みて！ ぼくの心みたい。ぼくの心なの」と。スピードワゴンも顔負けの甘さです……。
（はなぽぽ さん・40）

甘えるときのポーズ

1歳の娘は甘えるときに手を広げて抱っこを求めてきますが、何回かに１回は同じニュアンスでよく刑事ドラマで犯人が手錠をかけられるときのポーズをしてきます。きっと抱っこしてほしいのだと思いますが……（笑）。
（しかぬま さん・27）

話の内容よりも気になる

わが家の５歳の娘はお話しするのが大好きで、絵本や動画の話を思い出しては次々と話してくれます。その話し方が「そして〜〇〇が〇〇してね、そして〜〇〇がね、〇〇でね、そして〜…」と「そして」の数が半端ないです。「そして」に気を取られてお話の内容が入ってきません。
（そらとだいちの母 さん・38）

ゆまちゃんと同じことやってます

４歳の息子が「ママ〜！手！」と言うので手を差し出すと、手のひらの上におしりをのせてプ〜ッとオナラを……。ニヤッとしながら1階に降りていきました。
（アラレ さん・36）

間違えちゃった

ゆまちゃんと同い年の娘。おしゃべりが上手になった頃、「どうしておとさんとおかさんのところに来てくれたの？」と聞くと、「えー。ちょっとね～、間違えちゃったんだよ～」と、てへぺろ♪みたいな感じで言われました。

（あきまる さん・44）

肝を冷やした朝

ある朝起きると、隣に息子がいない！ 部屋の中にもいない！ 飛び起きて夫と探し回ると、なんと、お風呂場で寝ていました。今では笑い話ですが、当時は心臓が止まるかと思いました。

（なつレモン さん・30）

言えてるのに…

2歳の娘が保育園から松ぼっくりを持って帰ったときの会話です。

（母）「松ぼっくり拾ったの？」
（娘）「うん、まつごっぷりひろったの！」
（母）「松ぼっくりね」
（娘）「まつぼっくり？」
（母）「そうそう」
（娘）「ちがうの！ まつごっぷり！」
（母）「……」（ゆいのまま さん・29）

双子の力

うちの双子はベビーチョコなどどんなに小さなお菓子でも、同じ数で分けないとバレます……。

（はなたろう さん・42）

「ん」のつく食べ物

冬至の日、「『ん』のつく食べ物を食べると元気になるんだって」と保育園で聞いてきた4歳の息子。「だいこん！ にんじん！ れんこん！」と「ん」の付く食べ物を挙げていきます。「りんご！ ……さつまいもん！」と好物のさつまいもにまで「ん」をつけていました。

（はなまめ さん・37）

まさかの根こそぎ

#ねこじゃらし #ねこやしゃし #土付き #植え替えか #3歳2ヶ月

体温　36.5	お迎え時間：18:00 送迎者：父

家庭での様子と連絡事項

公園でねこじゃらしを見つけて、持ってきたのですが根っこごとでした。

先生からのコメント
どうやって収穫したのでしょうか……。今日はお家で飼っている「ネコトーク」になったのですが、何度名前を聞いても「ネコ」でした。ちゃんと教えてもらえるよう挑戦し続けます。

中尾彬もびっくり

#自分で着替え #ねじねじズボン #サイドのポケットが正面にある
#普通に遊んでるけど #3歳5ヶ月

体温　36.5	お迎え時間：18:00 送迎者：父

家庭での様子と連絡事項

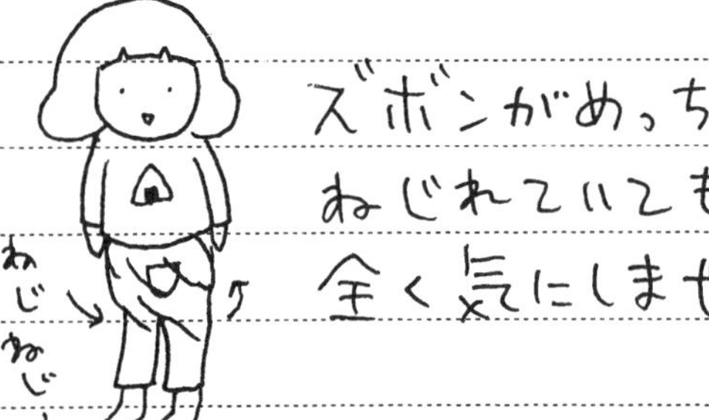

ズボンがめっちゃねじれていても全く気にしません。

先生からのコメント
むしろ履けていることに驚きです。靴を左右反対に履いていたゆまさんに「逆だよ」と伝えると、靴ではなく足をクロスさせて「これでいいよね」と言ってそのまま履こうとしていました。

そこに置くの？

なぜかコップを崖っぷちに置きがち
トン
スッ
ドン
バッシャーン
あーっ…!!
ワ〜〜ッ やられた…
ドンマイ!
あ〜あ… ママ、やっちゃったネ!

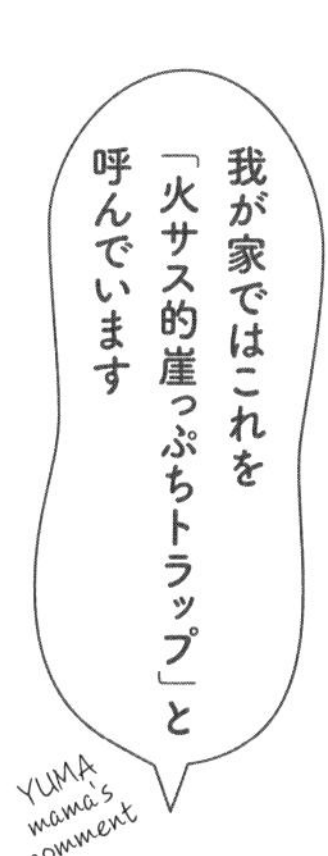
我が家ではこれを「火サス的崖っぷちトラップ」と呼んでいます
YUMA mama's comment

Yosougai Yuma
09

イモ好き

しかもやさしく撫でてた

#さつまいも #秋ですね #じゃないわい #一体いつの間に #引き返せないので買いました #3歳4ヶ月

体温 36.5	お迎え時間：18:00
	送迎者：母

家庭での様子と連絡事項

スーパーのレジで、「お子さん、おイモ大好きなんですね」と言われたので、何かと思ったら、ゆまがさつまいもを勝手にチョイスして抱きしめていました。

先生からのコメント

わが子のように大事に抱きしめていたんでしょうね。室内遊びでもビニール袋をふくらませてキャラクターの絵を描いてあげると、「わーい!」と喜んで飛ばさず抱きしめていました。

そうそう出かけるときはちゃんとイモ持ってな……いらんわ!

#さつまいも #お出かけイモ #なぜ #まさかの続編 #バッグに入ってたシリーズ #3歳4ヶ月

体温 36.6	お迎え時間：18:00
	送迎者：父

家庭での様子と連絡事項

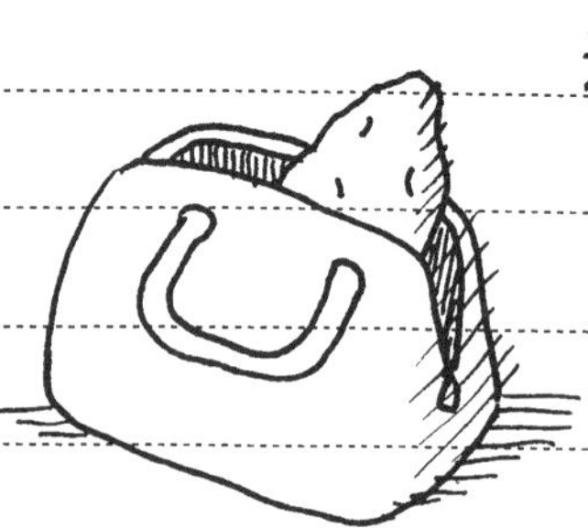

私のバッグになぜか昨日のイモが入っていました。

先生からのコメント

愛しいイモがかばんの中……！ シュールですね。おやつのさつもいもは、皮をきれいにむいてとてもおいしそうに食べていましたよ。

イモ好きの真実

本当にイモが好きなんだなー
フフ…
ギュッ
おイモ〜♡
よーし、じゃあ
ふかしてあげよう!
シンプル・イズ・ベスト!
ホカ〜
ハイ! 大好きなお・イ・モ♡
イモを抱くのが好きなだけだったらしい
ぜんぜん喰わねーし…
キョーミなし

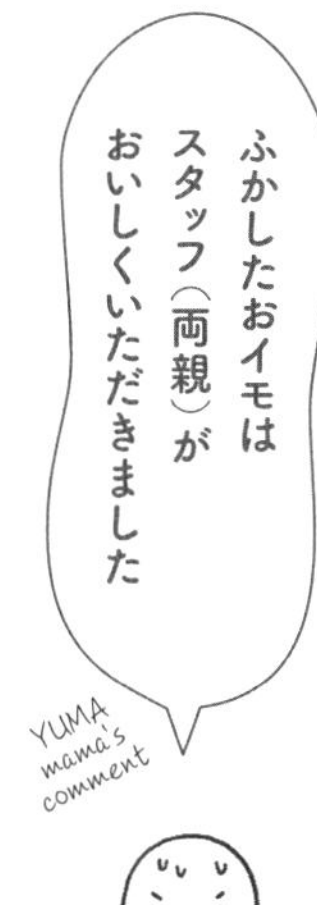
ふかしたおイモはスタッフ（両親）がおいしくいただきました
YUMA mama's comment

言葉の解釈

タピオカに次ぐ新感覚ドリンク

#メトロノーム　#めとろ飲ーむ　#おいしくは無さそう
#残念ながら飲みものじゃないんだよと言ったら　#しばらく考え込んでた　#3歳0ヶ月

体温　36.5	お迎え時間：18:00 送迎者：母
家庭での様子と連絡事項	

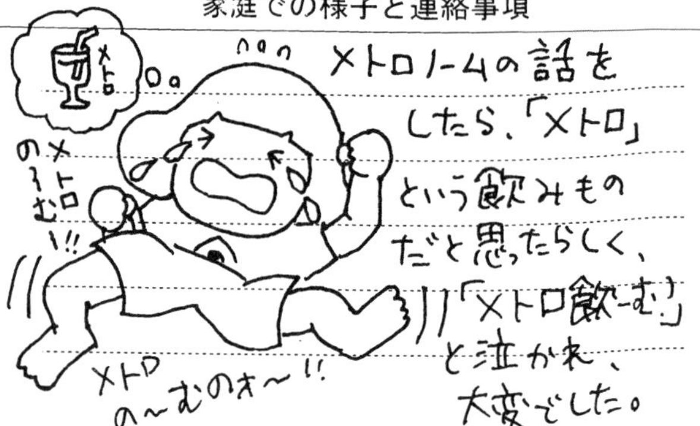

先生からのコメント
水遊びのあとシャワーをして部屋に戻ってきたゆまさんに「何をしたの？」と聞いたら「プールを入って水したの」と教えてくれました。

モチ度で張り合うむすめ

#間違いない　#そのとおり　#モチみたいだねといつも褒めてるから
#モチ度では負けたくないらしい　#3歳9ヶ月

体温　36.4	お迎え時間：:00 送迎者：母
家庭での様子と連絡事項	

先生からのコメント
ゆまさんに聞いたら頬を押して「ここだよ」と言っていました。おままごとでは「食べて!」と何度も料理を持ってきてくれるゆまさん。すべて「おもち」でした。

パパへの伝え方

ごはんできたよー。パパどこ行った？

あっちのおへや

パパにごはんよー!!

ガチャ

エサ？

オレは犬か何かか?!

パパにごはんをあげることが、さも珍しいことのような言い方になりました

YUMA mama's comment

Yosougai Yuma

11

クリスマス

サンタ冥利につきないリクエスト

#もうすぐクリスマス　#ラムネ好き　#寝ても覚めてもラムネ
#サンタさん　#歯ブラシとセットでおねがいします　#3歳5ヶ月

体温　36.8	お迎え時間：18:00
	送迎者：父

家庭での様子と連絡事項

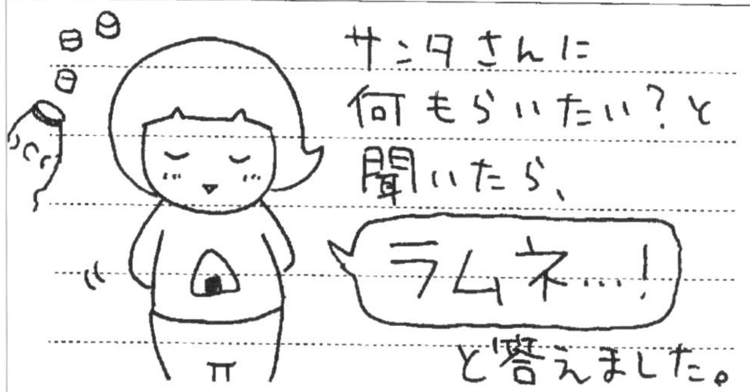

先生からのコメント

ラムネ大好きなんですね。かわいい答えに癒やされました。園のクリスマス会では最初から最後まで正座をして見ていましたよ。

クリームやスポンジはイチゴの添え物

#クリスマス　#クリスマスケーキ　#イチゴ全部よこせや
#サンタさんは昨日風呂中に来ました　#見たかったのにと怒られた　#3歳6ヶ月

体温　36.5	お迎え時間：18:00
	送迎者：父と祖母

家庭での様子と連絡事項

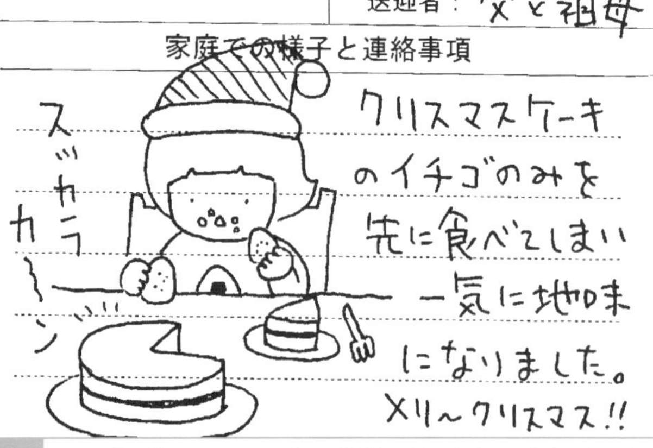

先生からのコメント

イチゴに惹かれたんですね。園庭で何やら砂で料理をするゆまさん。「クリスマスケーキなの？」と聞くと「ハッピーバースデーケーキなの」と。イチゴのケーキをプレゼントしてくれました。

不安なクリスマスイブ

サンタさん、ゆまちゃんが女の子だってわかるかなァ……

はよねな

プレゼントまちがえないかな…

見ればわかるよ

でも、もしこうなっちゃったら……

まぁな

ズズズ

サンタさんわからなくなっちゃうよねェ…

あっ! そうだ!

「思いついた」のまちがい

いいこと思いだした!

こうやって女の子っぽいポーズしながら寝よう!

寝づらっ!!

クイッ

クイッ

結局スゴイ寝相になってましたが、無事にサンタさんから女の子用のプレゼントをもらいました

YUMA mama's comment

純粋

このたびお付き合いさせていただくことになりました

#告白　#いいよ　#照れとる　#こんなやりとり今だけだなぁ　#3歳2ヶ月

体温	36.5	お迎え時間：18:00
		送迎者：父

家庭での様子と連絡事項

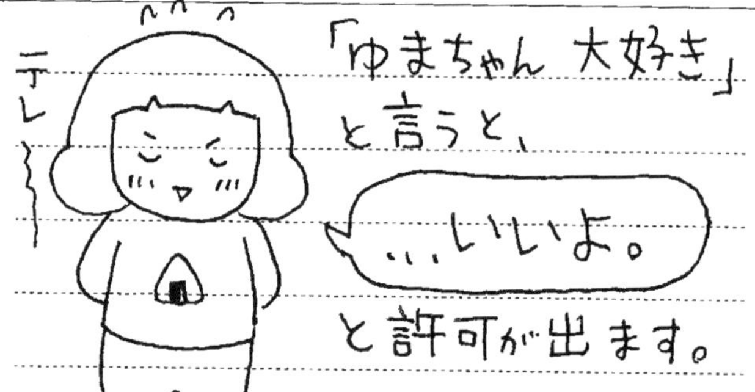

先生からのコメント

かわいいですね！ たくさん許可取りたいです。お友だちがゆまさんの遊んでいるブロックをほしがった際には、ためらいつつも「にずつね」と貸してくれる素敵なゆまさんです。

冷静に考えてみたむすめ

#テーブル　#色々乗せてもつぶれない　#感心　#その感覚にも感心
#テーブルも喜んでると思います　#3歳5ヶ月

体温	36.7	お迎え時間：18:00
		送迎者：母

家庭での様子と連絡事項

先生からのコメント

子どもの気づきって大人には想像しがたいですけど、おもしろいですね。大きいシャベルを使って園庭の木を「抜けるかな？」と言いながら掘り起こそうとする姿も見られましたよ。

そういうことじゃなくてね

Yosougai Yuma

13

変幻自在

拭きづらい

#風呂上がり　#ネコ　#ホカホカネコ　#謎行動　#ドライヤー中もひたすらネコ　#3歳7ヶ月

体温 36.5	お迎え時間：18:00
	送迎者：父

家庭での様子と連絡事項

先生からのコメント

ネコへの愛が深いですね。室内アスレチックでは一周やりきったあと、なぜかゴールの柱にコアラのようにつかまり、顔を半分だけ出してお友だちを見守っていて、ゴールの番人のようでした。

タコ人間で抵抗

#タコ人間　#ぐにゃぐにゃ　#歩いてくれ　#17キロ　#ここから持ち上げる辛さよ　#3歳7ヶ月

体温 36.5	お迎え時間：18:00
	送迎者：父母

家庭での様子と連絡事項

先生からのコメント

ぐにゃぐにゃの軟体になるのですね！　大型遊具の2階に挑戦してみると、鉄の棒に足をかけて「フンッ」と踏ん張っていました。チャレンジする姿が素晴らしかったです！

イヤがり技いろいろ

反りっ
イヤバウアー

ドゴッ
顔面蹴り

ギョエ〜
ぐるぐるぐるぐるぐるぐるぐるぐる
床回転

シュッ
パンツはいてくれよ〜!!
すり抜けダッシュ

立場が逆転

冷たいなァ。誰のマネだ？……私だ

#立ってるものは娘でも使う母　#すみません　#頼もしい限りです
#ありがとうございます　#3歳4ヶ月

体温　36.5	お迎え時間：18:00
	送迎者：父or母

家庭での様子と連絡事項

先生からのコメント

それでも取ってくれるのがやさしいですね。園庭遊びでも青いネットに張りきって登り、「次はあっち！ こっち！」といろいろなところに手を引いて連れて行ってくれましたよ。

だんだん立場が逆転してきた

#おなか出てたら風邪ひくよね　#すみません　#正しい　#ミニ母
#シャツをズボンにインしたら満足そうにしてた　#3歳4ヶ月

体温　36.6	お迎え時間：18:00
	送迎者：母

家庭での様子と連絡事項

先生からのコメント

シャツin派なのですね。おなかが冷えなくていいですね。しっぽ取りゲームでは友だちが走り回っている姿を見て逆に冷静になったのか、壁際に座って手拍子で応援するゆまさんでした。

おせっかいおばさん

わ〜〜

パシャ

パシャ

あら…

パパって
おっぱい小さい
のね。

でも大丈夫よ

ねっ、

もうすぐ
大きくなるから。

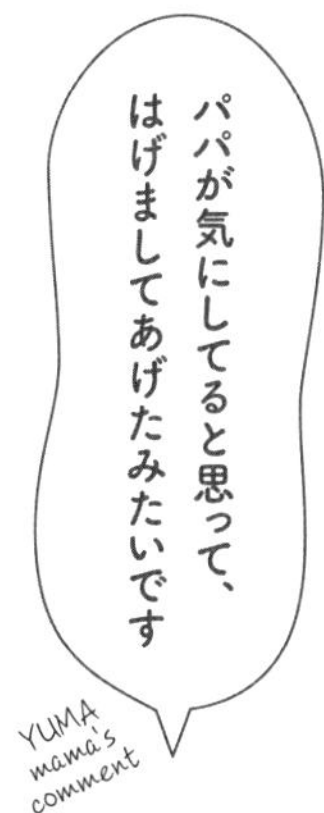

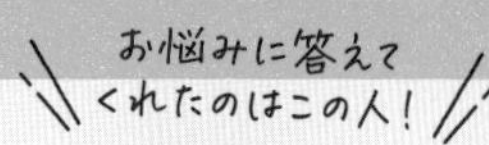

hoicu.345

現役保育士。保育園に２年、幼稚園に３年勤務し、０～５歳児全学年の担任経験あり。手作りの教材をインスタグラムで発信中。@ hoicu.345

ゆままま＆
フォロワーさんからの

育児のお悩み Q＆A

子育てに悩みはつきもの。
私も少しラクになってきたとはいえ、心配ごとは尽きません。
そこで、ここでは私と私のインスタグラムのフォロワーさんからいただいた
育児のお悩みを保育士インスタグラマーさんに回答してもらいました。

Q うちではいつもゆまをものすごく褒めちぎっているのですが、後々困ったりしますか？

子どもは愛情をかけられただけ心が満たされ、自ら成長しようとする力がぐんぐん身に付きますから、どうぞ今まで通りたくさん褒めて愛情を注いであげてください！ また、保育者が子どもを褒めるときは「人と比べないこと」「具体的に褒めること」「結果だけでなく過程も認めてあげること」を意識します。「すごい！ えらい！」ではなく「〇〇できたね」と認めてあげるだけでも、「お母さんはあなたを見ているよ」と十分伝わりますよ。

Q 習い事は早くからはじめたほうがいいものですか？

乳幼児期は、まず保護者の愛情と生活リズムを整えてあげることが、子どもの心と身体の成長に必要です。もし遊びの時間や睡眠時間が極端に削られるなどがあるなら、無理に習い事をはじめるのはあまりオススメしません。また、子どもの「やってみたい」「うまくなりたい」という意欲も大切。お子さんが楽しさを感じられる習い事なら、無理のない範囲ではじめてみるのもいいですね！

Q 食わず嫌いっていつ頃からなくなりますか？

お子さんがその食材に出会う瞬間というのがあると思います。1番は「みんなで楽しく食べること！」です。保育現場でも、いつも野菜を残してしまっている子どもが、お友だちが食べている姿を見て「自分も食べてみようかな」と1口パクリ。すると周りのお友だちが「すごいね！」「頑張ったね！」と認めてくれます。そこから苦手意識が薄れていくなんてこともあるんです。食わず嫌いは長い目で見守ってあげましょう。

Q 友だちと手をつなぎたい、お父さんに早く起きてほしいなど相手の行動を尊重できないとき、どうしてあげたらいいですか?

A 相手にも思いがあることを言葉で伝えてあげて

特定の子と手をつなぎたい問題は保育園でも日常茶飯事。そんなときは、気持ちに共感してあげながらも「今日は違うお友だちとつなぎたいんだって。また今度誘ってみようね」と相手の思いを言葉にして代弁するようにしています。「お父さんもゆっくりしたいんだよ。起きるまでお絵描きして待っていようか」と、子どものねがいを1つでも叶えてあげてみてください。

Q うちの5歳児は外出時、抱っこしないと「お腹が痛い」など明らかなウソをつきます。どうしたら歩いてくれますか?

A 歩きながら楽しくやりとりできるような声かけを

5歳くらいのウソは生きるための知恵をつけてきた証拠。「どうせウソでしょ?」という姿勢ではなく、「鳥さん探してみようか」「今日のごはん何かな?」と声をかけて楽しく歩けるようにしましょう。いつもより歩けたときは「今日は〜まで歩けたね!」と子どものがんばりを認めてあげてくださいね。もちろん、ウソの種類によってはきちんと叱ることも大切です。

Q 2歳の息子がダイニングテーブルなど高いところから飛び降りるのですが、言い聞かせてもやめません。

A やりたい思いを尊重し代替案を示して

「やってみたい」「楽しい」という思いは子どもの豊かな心を育むために大切です。2歳くらいになるとやっていいこと悪いことの判断もできてくるため、すべてを否定するのではなく、「家ではダメだけど公園ではいいよ」などと声をかけてあげましょう。家庭用トランポリンを用意するなど、発散できる環境を整えてあげてもいいかもしれませんね。

Q 2歳の娘は注意されたり気に食わないことがあると叩いてきます。園でも先生やほかの子を叩いていないか心配です。

A うまく言葉にできない葛藤のあらわれかも

他人を叩いたときに「いけないよ」と注意するのは大切ですが、なぜ叩いたのかという点に注目し、「○○がしたかったんだよね」と気持ちを代弁してあげてみてください。子どもは気持ちを受け止めてもらえたことで安心感を得ます。その経験を積み重ねることで、自分の思いを言葉で表現したり、気持ちに折り合いをつけたりできるようになっていきます。

Q 4歳の息子がおもしろがって
自分のパンツに手を入れます。
やめさせるには
どうしたらよいでしょうか?

A さりげなくほかへ興味をそらしてあげて

特別な反応はせず、「清潔にしておかないといけない大切なところ」ということを伝えましょう。また、言葉でやめさせようとするのではなく、さりげなくお子さんが興味のあるものに誘ってあげてみてください。自分の身体を知ることは自分の身体を守ることにつながるので、この機会に絵本などで性教育を取り入れてみることもおすすめです。

Q 2歳のイヤイヤ期。
登園がスムーズにいく日と、
のけぞって泣きわめいて
イヤがる日があります。
どう対応するといいですか?

A 保育園で楽しいことが待っていると伝えてみて

この時期のイヤイヤは、子どもや周囲の大人に原因があるのではなく、この時期特有の脳の発達からきています。声かけのポイントとしては「着替えるよ」と行動を示すのではなく、「お友だちと遊ぼう」「給食は○○だって!」と、保育園に行くとどんな楽しいことがあるかを具体的に伝えてみてください。ただ、それでもうまくいかないのがイヤイヤ期です……。

Q 3歳の男の子のパパです。
しつけで「怒ること」と「自分で気づかせること」は
どう区別したらいいですか?

A 危険な行為は叱り、それ以外は信じて待つ

つい口を出してしまいそうになりますが「それはしちゃダメ!」と口うるさく言い続けても、大人の指示がないと動けない子になってしまいます。ただし、命に関わる危険な行為や他人を傷つけるようなことをしたときには、しっかりと叱りましょう。子どもを信じて見守る姿勢を大切にしながら、時々「あなたはどう思う?」と一緒に考える時間を作ってみてください。

Q 3歳の娘が変な言葉を
覚えてしまったとき、その言葉を
使わないように教えるには
どうしたらいいでしょうか?

A 過剰に反応せずブームが去るのを待つ

使ってほしくない言葉をやめさせることは、なかなか難しいかもしれません。大人が過剰に反応することをおもしろがっている場合もあるので、その言葉を使ってほしくないという気持ちを伝えながら、言葉のブームが終わるのを気長に待ってみてください。

Q

1歳の女の子がいます。
歯みがきを好きになる
工夫はありますか？

A

歯みがきグッズを自分で選ばせてみる

お子さんと一緒に歯ブラシを買いに行き、お子さんに自分で好きな歯ブラシを選ばせてあげるといいかもしれません。自分で見つけた自分だけの歯ブラシを使う特別感が生まれると思いますよ。

Q

娘は赤ちゃんの頃から
食べる意欲が全くなく、
3歳になっても自分からは
食べようとしません。
このままでいいのか不安です。

A

お子さんが好きなものを用意してあげて

食への関心や興味には個人差があります。年齢が上がるとともに自然に食べられるようになってくると思いますので、ご家庭ではお子さんが食べたいものを作ってあげてみてください。大好きなお母さんが大好きなものを作ってくれた喜びは、どんな食べ物よりも栄養になるはずです。

Q

「ママじゃないとイヤ!」が
多くなった3歳の息子。
そうなると手がつけられません。
どんな声かけが最適ですか？

A

「ママがいいよね」と子どもの思いに共感して

「ママじゃないといやだ！」と癇癪を起こしているときは「そうだよね。ママがいいよね」と寄り添ってあげることで、自然と緊張がほぐれ安心感を得られます。自分の気持ちを1つでも受け入れてもらえることで、"気持ちに折り合いをつける"ことを学んでいきます。その経験を繰り返すことで、自分の思いを伝えたり我慢したりする力が育っていきますよ。

Q

自分の機嫌の善し悪しで
子どもへの接し方が
変わってしまい、
親の顔色をうかがって
ものごとを考える子になって
しまわないか不安です。

A

「あなたのことが大好き」と伝えてあげる

子どもがお母さんの顔色をうかがうことは、お母さんのことが大好きで、それだけよく見ている証拠。もしお子さんが顔色をうかがうようなときは「大丈夫だよ。お母さんはあなたのことが大好きだよ」と言葉にしてあげてください。叱り過ぎてしまったときには素直に「ごめんね、叱り過ぎちゃった」と伝えてあげるだけで大丈夫ですよ。

Q

4歳の娘はまだトイレで
ウンチができません。まわりの
お友だちはできているので、
焦ってしまいます……。

A

失敗や成功をくり返して少しずつできるように

トイレトレーニングは長い道のりになるんじゃないかと不安な気持ちにもなりますよね。実は子どもにとってトイレで排泄することは非常に怖いことなんです。「トイレに吸い込まれそう」と感じるお子さんも多いようです。排泄だけをとって考えるのではなく、基本的生活習慣を整えることを意識して、お子さんの気持ちに寄り添ってあげてくださいね。

Q

8、6、3歳の3兄弟が
おもちゃの取り合いやケンカ、
暴言、ワガママでヘロヘロです。
どうしたら3人で
仲よく遊べますか?

A

一度1人になれる空間を作ってあげてみて

兄弟ゲンカの中で学んでいることも多いと思います。ケンカをしてもすぐに仲直りできることは、子どもの特権です。とはいえお母さんは毎日対応に追われてしまいますよね。お子さん同士がケンカしたときは、クールダウンできるちょっとした空間を作ってあげるといいかもしれません。そこにいるときは、1人を保証してあげることをルールにしましょう。

Q

3歳の息子は食材の
好き嫌いが多いです。
保育園では残さず食べて
いるようなのですが、
食べさせるための
声かけはありますか?

A

無理に食べさせなくても問題ありません

食事は完食することが目的ではなく、楽しく食べることが基本! 保育園は家庭とは違い、やはり集団の力も大きく影響しています。「園で食べているならいいか!」くらいの気持ちで見守ってあげていいと思います。

Q

2歳半の女の子がいますが、
食事の途中で椅子から降りて
遊びまわります。
集中して座っていられるような
工夫はないでしょうか?

A

遊び食べをはじめたら食事を切り上げる

一度下げた食事は出さないようにして、「遊ぶならもう終わり。次からは遊ばないようにしようね」と伝えましょう。遊び食べがはじまる=お腹が満たされたということです。お腹が空いたら自然と食も進むようになると思うので、食事のリズムを整えてあげるといいかもしれませんね。

Q

4歳の女の子がいます。
仕事の都合上、かなり長時間
保育園に預けてしまい、
家でもバタバタしてなかなか
子どもとの時間が取れません。

A お母さんの「大好きだよ」という気持ちを伝えて

保育園からの帰り道に「今日はどんなことがあったの？」とお子さんの話に耳を傾けて「うんうん」とやさしく受け入れてあげるだけでも十分です。忙しい中でも「大好きだよ」「ありがとう」「うれしいよ」という気持ちを言葉にしてたくさん伝えてあげてくださいね。もちろん、スキンシップも大切です！

Q

わが家はシングルマザーですが
「お父さんどこ行ったの？」
と言うことが多くなりました。
年長さんの娘には何て答えて
あげたらいいのでしょうか？

A いろんな家族があることを伝えてあげる

お父さんお母さんがいる家庭もあれば、お父さんだけ、お母さんが2人など「家族のかたち」はさまざま。娘さんとしっかり向き合って、いろんな家族がいることを伝えてみるのはいかがでしょうか。言葉で伝えるのは難しいかもしれませんが、保育現場では絵本などを使って「家族のかたち」について子どもたちに伝え、お互いを認め合えるように育んでいます。

Q

家事をしている間などに
テレビでネットの動画を
見せてしまうのですが、
若干依存気味になって
しまいました……。

A 動画やゲームは時間を決めて見せる

動画の視聴やテレビゲームが一度習慣になってしまうと、やめさせることは非常に難しいと言われています。そのため、今からでも時間を決めることをおすすめします。動画を絵本に切り替えることからはじめてみるのはいかがでしょうか。

Q

弟が生まれて、3歳の兄は
とてもかわいがってくれます。
でも最近チック※が出はじめ、
我慢させているんだなと
痛感しました。

A 短時間でもお母さんと2人だけで過ごしてみて

上のお子さんが、赤ちゃんが生まれる前と同じように愛されていることが感じられるように、短時間でもお母さんと2人だけの時間を作ることをおすすめします。2人のお子さんと一緒に遊ぶときは、お互いの遊びのテリトリーを確保してあげるといいかもしれません。お母さんに見守られながら安心して遊べる環境を保証してあげることで、心も安定してくると思います。

※チック……意思に関係なく、突発的に体の一部がピクッと動く現象が続くこと

ゆまの
出産&
乳児期
のはなし

ゆまを産んだのは無痛分娩で有名な老舗の産婦人科でした

痛くないクリニック

痛くない

ここしかない!!

痛いのがゼッタイ嫌な人

ビビリ

運動が大キライな私ですが
「がんばれば
無痛で産める……‼」
と自分を励まして
ワンツー
ワンツー
ハイ もっと リズミカルに～‼
育児は 体力よ～‼
マタニティビクスを
ほぼ毎日がんばって
おりました
しかし けっこうハード‼

こんなに激しく動いて
破水とかしないんか?と
思いましたが
ハッハッハッ
破水はリラックスしてる時に起こるから、動いてる時は大丈夫だよ。
院長
ほ…
ほう…

それを信じて
マタニティビクスに
励んでいたある日――
ん?! 今なんかジワッとしたぞ…
ドワ～
39週

そして念のため
先生に診てもらうと……
破水ですネ! ハイッ、入院‼
うそ～ん

マタニティビクス中の
破水からの入院は
産院の創業以来
はじめてのことだった
らしいです
マタニティビクスの格好のまま入院した
パイオニア!!

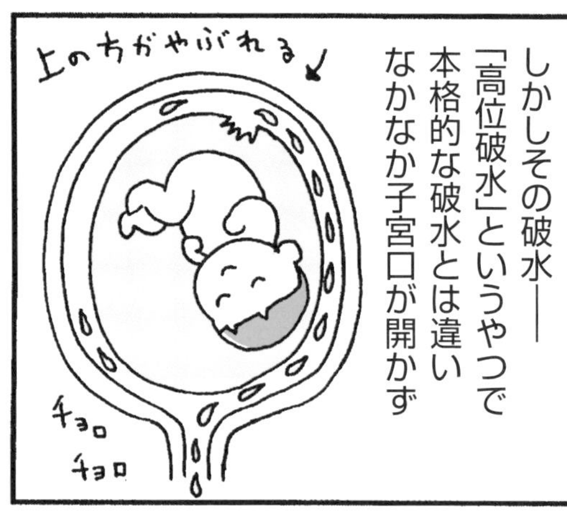
しかしその破水——
「高位破水」というやつで
本格的な破水とは違い
なかなか子宮口が開かず
上の方がやぶれる
チョロ
チョロ

ようやく分娩台に
上がったのは
破水から2日後…
ついにきたか…

無痛だったので陣痛もなく
くだらないことを
つぶやきながら産みました
終わったら
スイカ
食べるん
ですー
あ、
中の人は
今どんな
気持ちなん
すかね?
(知らんがな)
いいですね〜
にこにこ

そしてゆまが無事に
誕生したの
ですが……
オギャー
わぁ〜
女の子よ〜

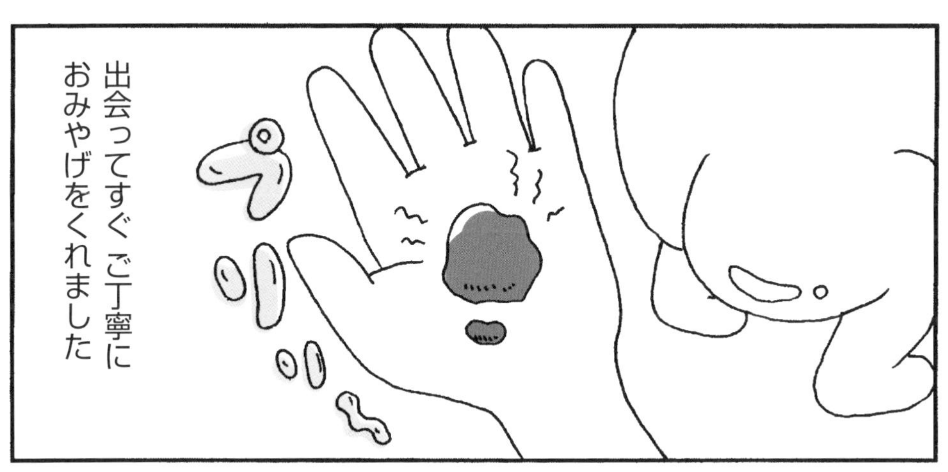
出会ってすぐ ご丁寧に
おみやげをくれました

そして その後に
体重を測ると
ホゲ
ホゲ

3690g
ピピ…!

その数字を
見て…

うんこ
しなかったら、
3700g
ピッタリ
だったのになァ
と思いました
惜しい…
※この時はヨユーでしたが
その後 後陣痛で
のたうちまわった
新生児 測定
体重：3690g
cm
51

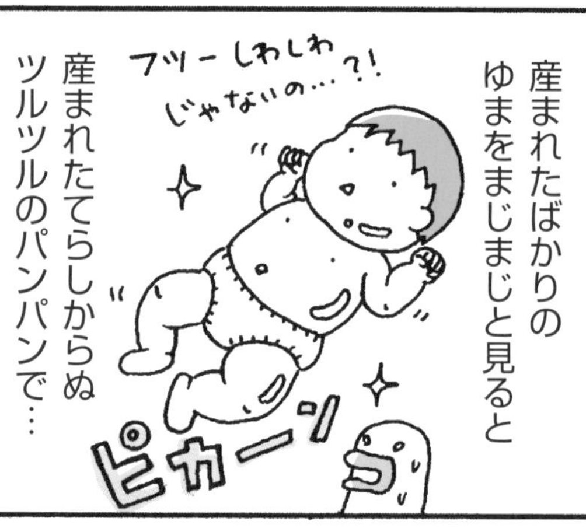
産まれたばかりの
ゆまをまじまじと見ると
フツーしわしわ
じゃないの…？！
産まれたてらしからぬ
ツルツルのパンパンで…
ピカーン

しかも
すでに
何かを
じ
じ～っと
見つめてる……

助産師さんからも
じ～
なんかすごく…
ひとつのものを
じ～～っと見る子
ですね…
アハハッ
ですね…
と言われました

今の活発なゆまを
見ていると
わ～～～

じ
ハムの穴から
世界をのぞく…
じ～
産まれたときから
いろんなことに
興味津々な子だったの
かなぁと思います

退院してからのゆまは
横にすると
とにかく泣く子で
えぇ〜〜っ…
ギャ
ピー!

タテ抱きにすると
一旦は泣きやむのですが…
スン…

それだけでは
つまらないらしく
ぐずるので
マグネットよ〜
電車よ〜
ゴゴー
無限ループ
お水よ〜
ジャ〜
とにかく1日中
いろんなものを
見せながら
家の中を歩き回りました

すごくよく乳を
飲む子だったので
た〜んとお飲み…
チュー
授乳も頻回（ひんかい）で

寝かしつけも
もちろん抱きながら
ユサユサうろうろ…
はよねむれ…
ギョエ〜
かわるよ

そうしたらなんと
30代なのに五十肩に……！
ピキーン
イデー!!
しかも両肩

ゆまが2歳くらいまでは
まったく腕が上がらない
状態でした
次のかた〜
ピキーン
うけつけ
アアアアア!!

それから はじめての育児で
もともとの心配性が炸裂——
ハラハラ
ハラハラ

生きているかどうか心配で
夜もほとんど眠れなかったり
ぬう…
息してんのかな…
スヤァ…

徒歩2分の小児科に
予防接種に行くだけで
オムツ5枚に着がえ…
ミルクとお湯と…保険証と…
ずっしリ
2泊3日みたいな
荷物を持って
出かけたりしていました

当時を思い出すと
泣けてきます…ホント！
いやー 本当によく
ここまでスクスク
育ってくれたものです

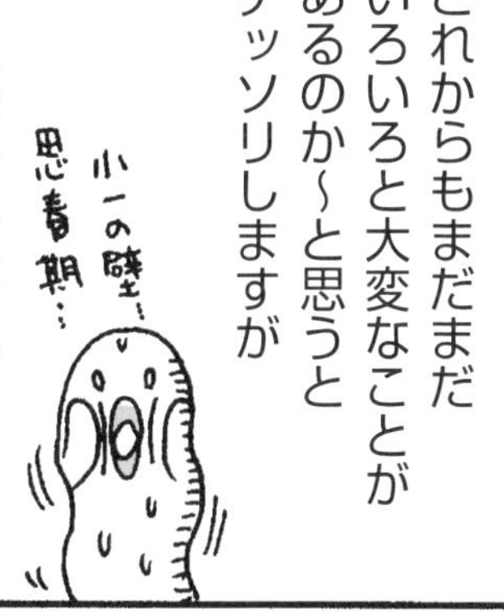
これからもまだまだ
いろいろと大変なことが
あるのか〜と思うと
ゲッソリしますが
小一の壁…
思春期…

同時に これからゆまが
見せてくれる新しい世界に
ワクワクもしています
だんだんと〃
お姉さんぽく
なってきたゆま。

保育園が終わっても
この日誌を心の中で
ずっと続けていくような
感じで
ワ〜イ
これからも家族で
何でも笑いとばして
いこうと思います
五十肩治りました

あとがき

最後までお読みいただきありがとうございました。
ゆまを産んで、もうすぐ5年になります。
実はもともと私は子どもがあまり好きではありませんでした。
うるさいし、言ってることは意味わからないし、
どう接していいのかわからなかったのです。
妊娠中も、「子どもをあやしたこともない私が
本当にお母さんとして愛情を持てるのだろうか」と不安の日々でした。
なので、まさかまさか、そんな私が育児マンガを出版するなんて
想像もしていなかったので、本当にびっくりしています。
今では子どものかわいさ、おもしろさに釘付けの私です。
いや〜、人って変わるものですね……。
というより、ゆまが私を変えてくれたのだと思います。
そして、毎日インスタグラムでの投稿を通して、励ましの声や温かいコメント、
共感の言葉をみなさんからいただくことで、
より育児の楽しさを感じられるようになったことも、大きな変化だったと思います。

毎日毎日、私たち親を困らせたり、笑わせたり、驚かせたり、

幼児らしいハチャメチャっぷりを発揮してきたゆまですが、
近頃は自分のことは自分でできるようになり、さらにお手伝いもしてくれて、
もう随分とおねえさんです。
この日誌がいつまで続けられるのか、今はまだわかりませんが
将来、大人になったゆまと一緒に
この日誌を笑いながら眺められたら幸せだなぁと思います。
（お尻とか鼻くそとかも描いているので、逆に怒られる可能性もありますけど……）

また、この本を読んで、たくさんのパパやママの気持ちが少しでも楽になって、
育児のツラさを笑いに変えてもらえたらうれしいです。

最後になりますが、この本を作るにあたり、快くご協力いただいたゆまの保育園の先生方、
いつも応援してくださっているフォロワーのみなさん、
素敵な装丁を作ってくれたかずみちゃん、
のんびり屋の私に辛抱強く付き合ってくださった編集担当の出口さん、
ゆまの両じいじ、ばあば、
そしてこの本を読んでくださったみなさまに、心から感謝申し上げます。

ゆまままま

ゆまままま

広告やキャラクターを作るアートディレクター。保育園の連絡帳に4歳児「ゆま」の味わい深い日々を記録し、インスタグラムに投稿して人気を集める。リアルな幼児の生態を描いたユーモアあふれるイラストと、冷静でエッジの効いたコメントが特徴。フォロワー数は約7万人。

Instagram：@ansn

staff

表紙・カバーデザイン	若井夏澄（tri）
本文デザイン	市川しなの、深澤祐樹（Q. design）
DTP	G.B.Design House
校正	大野由理
企画・編集	出口圭美
営業	峯尾良久

せんせい、うちのコがタイヘンです。
保育園児ゆまの予測不能 連絡帳

初版発行	2021年4月28日
著　者	ゆまままま
発行人	坂尾昌昭
編集人	山田容子
発行所	株式会社 G.B.
	〒102-0072 東京都千代田区飯田橋 4-1-5
電話	03-3221-8013（営業・編集）
FAX	03-3221-8814（ご注文）
URL	https://www.gbnet.co.jp
印刷所	音羽印刷株式会社

ISBN 978-4-910428-04-8